飢えた者たちのデモクラシー

レヴィナス政治哲学のために

Rui Matsuba
松葉類

ナカニシヤ出版

他者の飢え——肉体的な飢え、パンの飢え——は神聖である。
それとは別の第三者の飢えだけが、その権利を制限する。

——エマニュエル・レヴィナス『困難な自由』序言

はじめに

パリ・ナンテール大学に籍を置いていたころに経験した、ある出来事を思い出しながら、本書の問いを始めたい。

二〇一六年、じめじめした秋の午後だった。パリに来て二か月ほど経った頃だろうか、トラムのポルト・ド・ヴェルサイユ駅で、一人の物乞いに出会った。彼は私に「切符を買うお金もありません。小銭でもいいので恵んでください」と書かれたボードを指し示しながら、お願いしますと小さな声で言った。私はそのとき持ち合わせがなかったし、そういう物乞いは街にいくらでもいて、いちいち相手をしていてはきりがないということも知っていた。ただ、ちょうどチョコレートの包み紙を開けたところだったので、チョコレートいりませんかと彼に聞いてみた。失礼だったかとすぐに後悔したが、彼が欲しいと言ったので、私は半分を自分に、もう半分を彼に渡した。彼はすこし微笑んでくれた。夕飯どきでお腹がすいていた私たちは、チョコレートを食べながらほんの束の間、駅のホームで横並びにぼんやりとたたずんだ。もちろんそこに大げさな倫理などなかったし、どちらかというと友人とあたりまえに食べ物を分けあうような、不思議な感覚だった。彼もそれほどありがたがっていた様子はない。しかしその後も、なんとなくこの感覚が頭のすみで引っ掛かり、何かを主張しているような気がした。その夜、私ははじめてこの本の下書きに取り掛かった。

本書を執筆しながら、私は何度もこの出来事と向きあうことになった。数々の疑問が生まれた。私は彼にとって「よいこと」をしたのか。もっているチョコレートをすべて彼に渡すべきだったのではないか。どうせならお金の方が使い勝手がよかったのではないか。一度きりではなく、継続的な支援が必要だったのではないか。そもそも何かを渡すのではなく、福祉の手を借りるべきだったのではないか。彼の身上や政治など、貧困を生み出した状況を改善すべきなのではないか。今日の食料に事欠く人はどれほどいるのだろう、等々。問いを広げるたびに、もとあった感覚に近づいたり、反対に遠のいたりするように思えた。このとき私は、誤解を恐れずに言えば、「倫理」と「政治」のはざまで揺れ動きながら思考せざるをえなかったのである。

われわれは社会において、多様な人々と暮らしている。彼らは誰で、どういう利害を分かちあい、どういう関係にあるのか。これらを問うために本書が助けとするのは、フランスで活動したリトアニア出身の哲学者、エマニュエル・レヴィナス（Emmanuel Levinas, 一九〇六－一九九五年）の思想である。彼の思想は多岐にわたって豊かな広がりをもつが、とくに根本的な仕方で倫理学を提示しようとした思想家である。本書が主に読解するのは彼の倫理学と、その裏面をなす政治哲学である。

レヴィナスによれば「他者」は、既存の秩序のなかではその意味を捉えることのできない声で私に呼びかける。ここでいう秩序とは、人が意識的に、もしくは無意識に用いている言語、学問、道徳、法律などのさまざまなルールのことだ。私がこの他者に対して応答するためにはいったんもとある秩序を差し止めて応答する手立てを探らなければならない。結果として普段通りの秩序を用いることになったとしても、差し止められた秩序はもとどおりとはいかず、今後はその外側にある例外としての他者を認めざるをえない。レヴィナスは、あらゆる秩序がこのような呼応の関係に支えられていると論じる。そこで考えられなければならないのは、このとき既存の秩序と、秩序の担い手にはどのようなことが起きているのかという問題である。秩序は定義上、暗黙のものであれ、明示的なものであれ、担い手の間で、ある程度の同一性をもって共有されていなければならない。この秩序をいったん差し止め、新しく作り変えるということが、いかにして可能なのだろうか。

　レヴィナスはこの点について、「第三者」という語を用いて考えようとした。現実の社会において、私と他者との呼応の関係とは別に、あるいはその関係のなかにすでに、私や他者とは別の誰かが存在している。この誰かこそが第三者である。私は他者、第三者たちとともに社会とその秩序を担っている。この第三者をめぐる議論において、レヴィナスは他者との関係――「倫理」――と、秩序の担い手同士の関係――「政治」――とを結びつけようとしていた。問うべきは、他者との関係が、政治と第三者に何をもたらすかである。現実にそくして社会を考えようとする場合、第三者と政治は、他者と倫理という主題の裏側につねに付きまとう。そうするとレヴィナスは、倫理学の思想家であると同時に、政治の意味を問う政治哲学の思想家でもあることになる。本書は彼のこうした側面から当初の問いに向きあおうとする。

　冒頭に挙げた出来事は、レヴィナス的であるとも、そうでないともいえる。しかし少なくとも彼の思想は、こうした具体的な出来事ひとつひとつの意味を考えるべく手がかりを与えているように私には思われた。本書で示されるいくつかの主題は、現実の社会と、そこに暮らす人々を前に練り上げられた思想として、レヴィナスにおける政治哲学の輪郭を描き出すためにある。

目次

凡　例

- 「 」は論文名の表示、引用文または強調に使用し、『 』は単行本、論文掲載誌の書名または楽曲名を示す為に使用した。
- 原文《 》は「 」、大文字強調は〈 〉、イタリック体は傍点をふった。なお、引用文内の強調はすべて引用元のままである。用語として強調する場合に〈 〉を用いた場合がある。
- 本文で引用した部分は邦訳のあるものも含めて、原文から改めて訳出した。ただし、やむをえず既訳を用いたものは、その旨を併記している。
- 一次文献の参照部分については（ ）内に著作の略号、頁数の順で示した。
- 引用文内の〔 〕は著者による補足を表す。また〔…〕は著者による省略を表す。

略号

Levinas, Emmanuel

著作

ŒI：*Œuvres complètes, tome 1. Carnet de captivité et autres inédits*, Paris: Grasset-IMEC, 2009.（『レヴィナス著作集1』）

QR：« Quelques réflexions sur la philosophie de l'hitlérisme », in *Esprit*, novembre 1934, pp. 199–208.（「ヒトラー主義哲学に関する若干の省察」）

TA：*Le temps et l'autre*, Paris: PUF, 1987［1947］.（「時間と他なるもの」）

EE：*De l'existence à l'existant*, Paris: Vrin, 2013［1947］.（『実存から実存者へ』）

TI：*Totalité et Infini. Essai sur l'extériorité*, Paris: Le Livre de Poche, 1995［1961］.（『全体性と無限』）

MBPP：« Martin Buber, prophète et philosophe », in *Informations catholiques internationales*, juillet 1965, pp. 31–32.（「マルティン・ブーバー――預言者にして哲学者」）

QLT：*Quatre lectures talmudiques*, Paris: Minuit, 1968.（『タルムード四講話』）

AE：*Autrement qu'être ou au-delà de l'essence*, La Haye: Martinus Nijhoff, 1974.（『存在の彼方へ』）

DL：*Difficile liberté. Essais sur le judaïsme*, Paris: Le Livre de Poche, 2012［1976］.（『困難な自由』）

NP：*Nom propre*, Paris: Le Livre de Poche, 1987［1976］.（『固有名』）

SF：« Sécularisation et Faim », in C. Chalier, M. Abensour（dir.）, *Cahier de l'Herne: Emmanuel Levinas*, Paris:

l'Herne, 1991［1976］, pp. 76–96.

DSAS：*Du sacré au saint. Cinq nouvelles lectures talmudiques*, Paris: Minuit, 1977.（『タルムード新五講話――神聖から聖潔へ』）

EI：*Éthique et infini*, Paris: Le Livre de Poche, 2012［1982］.（『倫理と無限――フィリップ・ネモとの対話』）

ADV：*L'au-delà du verset*, Paris: Minuit, 1982.（『聖句の彼方　タルムード――読解と講演』）

SI：« La souffrance inutile », in *Les cahiers de la nuit surveillée n° 3: Emmanuel Lévinas*, Lagrasse: Verdier, 1984［1982］, pp. 329–338.（「無益な苦しみ」）

HS：*Hors sujet*, Paris: Le Livre de Poche, 1997［1987］.（『外の主体』）

HN：*À l'heure des nations*, Paris: Minuit, 1988.（『諸国民の時に』）

EN：*Entre nous*, Paris: Le Livre de Poche, 2010［1991］.（『われわれのあいだで――「他者に向けて思考すること」をめぐる試論』）

DMT：*Dieu, la mort et le temps*, Paris: Le Livre de Poche, 1995［1993］.（『神・死・時間』）

LC：*Liberté et commandement*, Paris: Le Livre de Poche, 1999［1994］.（「自由と命令」）

IH：*Les imprévus de l'histoire*, Paris: Le Livre de Poche, 1994.（『歴史の不測――付論：自由と命令／超越と高さ』）

NLT：*Nouvelles lectures talmudiques*, Paris: Minuit, 1996.

対談録

EEEL：« Entretien avec E. Levinas », in *Entretiens avec le Monde 1. Philosophies*, Paris: Édition Le Découverte et Journal Le Monde, 1984, pp. 138–148.

EL：Avec François Poirier, *Emmanuel Lévinas: Essai et entretiens*, Arles: Acte Sud, 2006［1987］.（『暴力と聖性――レヴィナスは語る』）

SA：Avec Roger Burggraeve, *Emmanuel Levinas et la socialité de l'argent: Un philosophe en quête de la réalité journalière: La genèse de Socialité et argent ou l'ambiguïté de l'argent*, Leuven: Peeters, 1997.（『貨幣の哲学』）

Derrida, Jacques

著作

ED：*L'écriture et la différence*, Paris: Seuil, 1997［1967］.（『エクリチュールと差異』）

PA：*Politiques de l'amitié: suivi de L'oreille de Heidegger*, Paris: Galilée, 1994.（『友愛のポリティクス』）

A：*Adieu à Emmanuel Lévinas*, Paris: Galilée, 1997.（『アデュー――エマニュエル・レヴィナスへ』）

DM：*Donner la mort*, Paris: Galilée, 1999.（『死を与える』）

V：*Voyous*, Paris: Galiée, 2003.（『ならず者たち』）

AJ：*L'animal que donc je suis*, Édition établie par Marie-Louise Mallet, Paris: Galilée, 2006.（『動物を追う、ゆえに私は〈動物で〉ある』）

Abensour, Miguel

著作

DE：*La Démocratie contre l'État: Marx et le moment machiavélien*, Paris: Le Félin, 2012［1997］.（『国家に抗するデモクラシー――マルクスとマキャヴェリアン・モーメント』）

対談録

CP：*La communauté politique des « tous uns ». Entretien avec Michel Enaudeau*, Paris: Les Belles Lettre, 2014.

序論

本書の問題設定

本書の目的は、エマニュエル・レヴィナスの政治哲学を明らかにすることにある。

リトアニア出身のユダヤ人であるレヴィナスは、二〇世紀フランスにおいて活動した哲学者である。Ｅ・フッサール、Ｍ・ハイデガーのゼミナールでの経験をもとに出版した『フッサール現象学の直観理論』（一九三〇年）、フッサールの講演録の仏語訳版『デカルト的省察』（一九三一年）以降、フランスでは現象学の紹介者として徐々にその名を知られたが、彼の思想を決定づけたのは、国家博士論文をもとにした主著『全体性と無限』（一九六一年）であろう。レヴィナスはこの著作において、現象学を出発点としながらも、彼独自の「他者」の思想を提示しようとしている[1]。主体に呼びかけ、応答を求める他者――この他者概念によって、彼は現象学のみならず、西洋的な知を基礎づけてきた形而上学、宗教哲学、そして存在論を再編しようとする。

「他者」とは主体の有限な権能を超えるという意味で「無限なもの」である。主体は糧《かて》を享受し、労働し、所有し、認識するが、他者はこうした主体性を乗り越えて現れる。この他者に対して、主体は論理、学問、道徳、法律といった既存の言語的秩序——そこには存在論も含まれる——によって応答することができないがゆえに、それらを破って応答しなければならない。レヴィナスの語によれば、このとき主体は他者への「応答‐可能性（respons-abilité）」としての「責任」を負う。この他者との関係が、彼のいう「倫理」である。他者論という領野は「フォイエルバッハ、キルケゴールからブーバーとガブリエル・マルセルに至る」（AT, 72）思想家によってすでに耕されていたとはいえ、かつて倫理学を存在論にかわる「第一哲学」として位置づけ直すことで、彼ほど多様な問いを提出した者はなかった。その後レヴィナスの倫理学は、世界中で読まれ、「他者」を尊重すべきであるというスローガンとして用いられもした。目の前にいる他者を優先してあらゆる既存の秩序を副次的なものと見做す主張——「政治はあとで！」（ADV, 221）の標語化——が、レヴィナス倫理学として声高に主張されもした[2]。しかしこうした読解はレヴィナス哲学の可能性を縮減するのみならず、彼のいう倫理学に反すると思われる。

　このような「他者主義」と呼ぶべきレヴィナス読解に対する批判は少なくとも三点について行われうる。第一に、レヴィナスは、あらゆる秩序や学問に先立って倫理学を尊重せよと述べたわけではない。倫理学が第一哲学であるという主張は、すべての秩序が倫理学に従属し、そこから開始されなければいけないといった発生論的なものではない。他者は既存の秩序を問い直すものとされるが、それはあくまで問い直しであって秩序を一から作り上げるものではない。たとえば、R・モアティのように存在論や正義論がすでに、こうした主張のいう「倫理の純粋性」をいわば汚染する隠れた前提となっていると主張する者もいれば[3]、C・ペリュションのように身体論が倫理の手前で条件をなしていると論じる者もいる[4]。こうした読解が正当だとすれば、レヴィナスのテクストから、倫理学が何よりも最優先されるべきだという主張を導くことはできない。

　第二に、特定の他者を名指したうえで、彼を尊重すべきだと主張することは、「倫理」にはあたらない。彼のいう「倫理」は一般的な意味での倫理のように、行為規範を与えるものではなく、スローガンになりうるものではない。彼が探究したのは、Ｐｈ・ネモとの対談において述べられる通り、「倫理の意味」である。「私の仕事は倫理を構築することではありません。倫理の意味を探求しようと試みているだけなのです。〔…〕おそらくこれまで私が語ってきたことに対応して、ある倫理を構築することは可能かもしれませんが、それは私自身の主題ではありません」(EI, 85)。この意味で、他者主義のような政治思想とは根本的に異なっている[5]。

　第三に、「目の前の」他者を倫理的他者であると言明することはできない。少なくとも後期において、レヴィナスのいう他者はつねにすでに「痕跡」となった現れえない他者であり、主体はその現出の場に居合わせることができない。主体の有限なる秩序を乗り越えるという意味で無限な他者は、認識にとって他なるものである以上、他者そのものとしては認識されえず、他者に由来する言語と秩序の乗り越えによって間接的にしか認識されえない。したがって他者との出会いは、そこから主体が直接的に意味や命令を引き出すことができるような、瞬間、啓示、奇跡の場面ではない[6]。そもそも、特定の他者をあらゆる秩序に対して超越的なものと措定すること自体、他者を祭りあげることによる、擬人化された神権政治であるとの批判を免れえない。

　レヴィナスの思想を他者主義と解する「政治化」の傾向とは反対に、彼自身の個人的見解を哲学的言説に組み入れることへの危惧が、レヴィナスにおいて政治を考えることを妨げてきた。性差、シオニズム、兵器、習俗等の諸論題について、とくに討論の場における発言が大きく取り沙汰されてきた[7]。たしかに不用意に思われる議論もあるものの、彼の議論において用いられていた諸概念の意味を理解せず議論の前提を捉えそこなっているか、もしくはそれらの主張に抗する立場から彼の議論を縮減してしまうものも見受けられる。当時の歴史的文脈を相対化し、彼の草稿や対談録が日の目を見るようになった現在の視野から、こうした歪曲を避けることは可能であろう。

　つまり、本書の目的を遂行するにあたって二重の障壁となるのは、レヴィナスの過度の「政治化」であるとともに、それに対する過剰な防衛としての「非政治化」でもある。こうした事情で、これまでレヴィナスの政治哲学を語ることは困難だとされてきたが、彼の思想の中に政治的なものが存在しないと理解してはならない[8]。彼の哲学はつねに実践的で政治的な側面を有していたし、むしろ政治は彼の倫理学が現実の社会に無関係なものとならないために必要不可欠な契機である[9]。それは「政治（*la* politique）」ではなく「政治的なもの（*le* politique）」の思考であり[10]、言い換えれば、政治が何を為すべきかではなく、政治が何を意味するかの問いである[11]。

　この問いはすぐれてレヴィナス的であり、彼の独自性を端的に表現するものである。他者との関係を根本的なものと考えるのであれば、多くの他者たちがかかわるはずの現実の社会において他者がいかなる存在か、そして社会において他者たちとともにいかに生きるかという問いは、レヴィナスにとって抜き差しならない問いとなるはずだ。そしてそれはまた、共同体がもたらす全体性に還元することなく、個人の特殊性とその複数性を前提とする、あらゆる政治哲学が避けて通れない問いでもある。

各部の内容

われわれは、レヴィナスの政治哲学を扱うために、政治的なものを構成する論点を区分しよう。語源的に「ポリス（πόλις）」の事柄を指す「政治（πολιτική）」は、特定の状況下での共同体の意思決定とその過程を意味しており、共同体の担い手、共同体の関心事となる具体的状況、そして、共同体の意志決定の過程という三つの要素をもつ。そこで、本書においてもこの区分にしたがってレヴィナスにおける記述を整理して論じてゆく。これらの要素は相互に関係しているため区分は形式的なものにとどまるが、倫理学に隠れたレヴィナス像を提示しようとする場合にはこうした整理がよい手引きとなるであろう。

・複数性（第一部）

他者は有限な主体の秩序を乗り越える無限なものだが、それは応答する主体の責任の無限でもある。この無限責任は――すでに痕跡となった他者への「遅れ」、「負債」、「応答不可能性」において――つねに果たされることなく主体に責めを負わせ続ける。ここで政治が複数の主体間の関係にあるのだとすれば、無限責任を負った主体は、この他者との関係の外にある別の他者、すなわち「第三者」といかなる関係を結ぶかが問われなければならない。第三者は他者との関係において前提となるのか、あるいは他者との関係に何らかの形で介入し、それを変質させてしまうのか。一見些末なこの問題は、レヴィナスにおいて政治を扱うために避けられない。前者は倫理の前提となる他者の複数性を示す「第三者」であるが、後者はすでに倫理的な問題が生じたうえで他者と優先権を争う「第三者」である。言い換えれば、前者は「すべての人間」でありうるが、後者は「隣人の隣人」として論じられなければならない。ただしこの概念を扱うにあたって、レヴィナスの著作の間の強調点の違いに注意せねばならない。とりわけ政治的なものという主題に関して、『全体性と無限』までの前期思想圏と、それ以降『存在の彼方へ』（一九七四年）に代表される後期思想圏は一見異なる議論を行っているがゆえに、意味内容の変遷についてテクストの年代に注目しつつ丁寧に論じる必要がある。この分節化によってレヴィナスの根本問題の一つとされる「倫理と政治のジレンマ」の意味が明らかとなる。政治の問題の根幹である第三者論について、本書はまずこの読解上の仮説を提示したい。また、この第三者概念によってレヴィナスと、他者論の先駆であるマルティン・ブーバーの差異もまた明確となる。ブーバーにおいて主体と他者の関係――我－汝の関係――は相互的であるとされるが、レヴィナスによれば、「隣人の隣人」を介して平準化されなければ、呼びかける他者と応答すべき主体との関係はつねに非対称的であり、いかなる相互性も成立しないのである。

さて、責任が平準化された制度的領野において、主体の無限責任は制限されることになる。このことを詳しく論じるなかで、ジャン・アンドレ・ヴァールやポール・リクールに代表されるレヴィナスの無限責任論批判に対して応答することができる。彼らによれば、通俗的な意味での責任が問われる場面、すなわち作為または不作為によって生じた個別的な損害を賠償するに際して、レヴィナスのいう無限責任は範囲が限定されないがゆえに不都合を生じざるをえないうえ、各々の主体による責任の制限としての広義の制度化にそぐわない。さらに、無限責任を論ずることのみによっては、有限な責任を果たすことで責任を負っていない状態へと回帰する契機が考えられず、応報刑論の根本的原理が欠けていることになる。しかしこれらの批判とは裏腹に、レヴィナスは他者との関係について無限責任のみを論じているわけではなかった。先述の「隣人の隣人」の問題は政治において諸々の主体を平準化し「市民」として同等化する。そして、このことによって他者への責任は有限化され、さらには「自己を気遣う」可能性も生じる。このような筋立てによって、ヴァールやリクールが提起した問題を問うこと、そして法制度を担う現実的な主体性を考えることは十分に可能である。

　レヴィナスにおける、共同体の担い手にまつわる問いは、以上の議論で示される。

・物質性（第二部）

他者との関係によって問い直されるのは言語的秩序のみならず、諸々の主体が存在する物質的条件でもある。主体はつねに省察し反省するだけでなく、世界内で物質性を備えて存在している——つまり飢えて糧を享受している。他者もまた飢えており、主体に対して「パン」を要求してくる。したがって倫理とは、言語的関係のみならず、飢えた者に「パンを与えること」であり、政治とは、飢えた者たちと「パンを分かちあう」ことでもある。この物質的関係を重視する考え方は、レヴィナスによって「物質主義（matérialisme）」と呼ばれている。この物質主義の意味を明らかにするために、われわれは飢えの時間性と身体性という二つの側面を論じる。

　飢えは倫理において具体的応答を要請する「切迫」の条件をなしている。切迫とは、他者の飢えが予断の余地なく差し迫ったものであり、かつ死までの時間が残されているという、未来に対する二重の時間性を意味している。このように考えると、主体に対して死が未到来であること——死の〈いまだない〉——は、倫理的に意味づけなおされる可能性に開かれた時間性である。レヴィナスはこの「未来」

への時間性をエルンスト・ブロッホの読解の中で明確化する。彼によれば、ブロッホのいう「具体的ユートピア」論は初期マルクスの人間主義的読解であり、他者たちとそのつど「よりよいもの」を目指して行為することを旨とする、未来に向かう倫理学でもある。われわれはこの主張の正当性を論じつつ、両者の近さを測ることになろう。

　また、この物質主義の身体性は、レヴィナスにおけるユダヤ的普遍主義の条件をなしている。彼によれば、西洋の伝統的な超越概念は、地上にいかなる根拠ももたない「根源的偶像崇拝」の対象である。この偶像崇拝を避けるためには、地上に根拠をもつ物質的な超越が考えられなければならない。それは、他者の「飢え」によって成立する超越である。この第二の超越に対する不可避の責任こそが宗教性の源泉であり、あらゆる既存の教派の対立をふたたび無効としうる根拠となる。

　無効となるのは教派対立にとどまらない。ペリュションによれば、われわれはレヴィナスの倫理学を手掛かりに、人間とそれ以外という区別も問い直すことができる。物質的欠乏としての飢えによって主体に呼びかける他者は、かならずしも人間であるとは限らないからである。われわれは現代の生態学的な主張を参照しながら、レヴィナスのいう飢えの「動物性」の意味を考える。

　レヴィナスにおける、共同体の関心事である具体的状況にまつわる問いは、以上の議論で示される。

・デモクラシー（第三部）

　政治はいかなる国家において、いかなる統治行為によって現実化するか。レヴィナスは政治を実行する制度の担い手としての「国家の必要性」について論じているが、そうであればこの国家の意味が問われなければならない。ここで導きの糸となるのが、レヴィナスのいう「デモクラシー」である。彼によれば、デモクラシーの本質は「よりよいもの」の可能性に向かってそのつど行為することにある。このように規定されるデモクラシーは、政体にかかわらず可能であり、したがって一般的な意味での政体ではない。デモクラシーがあらゆる政体においてその政治を問い直す仕方で可能であるとすれば、それは政治とは別の原理をもち、政治と対立しうることになる。そうだとすれば、このようなデモクラシーが思考可能な国家とは、安定的で調和的な国家ではなく、つねに倫理による問い直しへと開かれた、いわば不協和を孕んだ社会だということになる。じつのところ、こうした議論の対旋律は、レヴィナスが評価する、ヤニス・クセナキスによる楽曲『ノモス・アルファ』の成立背景にも見出すことができる。

こうした点を論じたうえで最後に、政治哲学者ミゲル・アバンスールのレヴィナス読解を扱う。アバンスールは、後期レヴィナスの議論を分節化したうえで、政治哲学的デモクラシー論との接続を試みる点でわれわれの先駆となるがゆえに、われわれはその正当性を明らかにする。彼の主著である『国家に抗するデモクラシー』における議論は、デモクラシーの制度化可能性の問題、ひいてはデモクラシー論とアナキズム思想の関係を扱う点で、とりわけ重要なものとなる。このことによってわれわれは、彼の死によって途半ばに終わったレヴィナス研究のプロジェクトを引き受けなければならない。

レヴィナスにおける、共同体の意思決定の過程にまつわる問いは、以上の議論において示される。

以上のようなわれわれの読解は、レヴィナスの主題である倫理的なものの裏側に、政治的なものの意義を問うことになる。したがって扱われるべきテクストは、代表的著作とされるもののみならず、論点ごとに選ばれなければならない。とくに『存在の彼方へ』以降の七〇年代後半から八〇年代にかけて行われた討議は、これまでの研究史において適切に読解されてきたとは言い難いが、新たな概念や視点を与えるものが含まれているために重要である。この種の豊富な資料の多くは生前すでにレヴィナス自身の検討を経たうえで書籍化されているがゆえに、彼の思索活動として正当に評価されなければならない。

また彼の著作は従来、いわゆる「哲学的著作」と「ユダヤ的著作」の二つに区分されてきた。発表する場も出版する媒体も異なっていることから彼自身がこの区分を支持していたのは疑うべくもないが、レヴィナス自身が「普遍主義」的立場からユダヤ思想を一つの哲学として仕上げようとしていたことも事実である。だからこそレヴィナスはつねに「歴史的事実性とは無関係に」(HN, 48) タルムードを読み、宗教者としての「ユダヤ人思想家」ではなく「ユダヤ人哲学者」を自称する (cf. EL, 130–131)。そこで、その必要があればこの区分に注意しつつ双方の議論を参照しなければならない。

注

［1］レヴィナスが出発点とした「現象学」が何を指すかについては、たとえば次の論考を参照のこと。Alain David, « Levinas et la phénoménologie », in *Les Temps modernes*, n°664, mars 2011, pp. 94–118. この論考によれば、それは初期からハイデガーの解釈を介したものであり、フッサールへの批判的視点を伴っていた。

［2］レヴィナスの倫理学が「他者へよいことをせよ」という主張に収斂するとの誤った読解がなされることもある。次の議論を参照のこと。Daniel Sibony, *Don de soi ou partage de soi?: Le drame Lévinas*, Paris: Odile Jacob, 2000, pp. 7-14。また、このように彼のテクストが「読者の望むように」恣意的に読まれてしまう「レヴィナス・

エフェクト」を指摘する論者もいる。C. Fred Alford, "Levinas and the limits of political theory," in M. Diamantides (ed.), *Levinas, Law, Politics*, Abingdon, Oxon, UK and New York: Routeledge-Cavendish, 2007, pp. 107–126.

［3］Raoul Moati, « L'ontologie d'*Autrement qu'être* », in A. Schnell, D. Cohen-Levinas (dir.), *Relire* Autrement qu'être ou au-delà de l'essence, Paris: Vrin, 2016, pp. 41–60.

［4］たとえば次の著作においてペリュションは、レヴィナス倫理学を「糧の現象学」から読解することを提案する。Corine Pelluchon, *Les Nourritures: Philosophie du corps politique*, Paris: Seuil, 2015. なお、この点について詳しくは本書第二部で論じる。

［5］レヴィナスは他者を具体的な人物、人種、政党等として特定することがない。たとえばR・ヴィスケルによると、レヴィナスは種差を前提とした他者主義ではないという点で「人種主義」などと異なる。次の論考を参照のこと。Rudi Visker, « D'une autre nudité d'autrui », in N. Frogneux, F. Mies (dir.), *Emmanuel Lévinas et l'histoire*, Paris: Cerf, 1998, pp. 211–214. ただし彼はここに他者を中性化してしまう危険を見ており、レヴィナスの議論があらゆる積極的な主張に抗する貴族主義に陥る可能性を指摘する。

［6］F＝D・セバーによれば、〈無限〉は「正義」ないしは「語られたもの」の領野において「痕跡」、「反響」として存在するものである。François-David Sebbah, *Lévinas: Ambiguïtés de l'altérité*, Paris: Les Belles Lettres, 2000, pp. 191–196.

［7］S・クリッチリーはレヴィナスの政治性に対してデリダの友愛批判を経由した五つの批判を紹介する。すなわち、（一）レヴィナスのいう兄弟性とは伝統的で男性的な友愛である。（二）レヴィナスの倫理とは一神教的であり全人類が友愛の対象となる人間主義的関係である。（三）用語法に男根主義が見られる。（四）家族主義であり、ヘーゲルの裏返しとなっている。（五）イスラエルを擁護するシオニズムである。Simon Critchley, « Cinq problème de la conception lévinassienne du politique et l'esquisse d'une solution », in D. Cohen-Levinas, B.

Clément (dir.), *Emmanuel Levinas et les territoires de la pensée*, Paris: PUF, 2007, pp. 307-321. これらの批判はレヴィナスの「伝統的な」用語法が含む難点を指摘することに成功している。しかし、クリッチリーは、彼がユダヤ普遍主義の立場からそうした語法を批判的に継承しようとしたことを指摘していない。

[8] レヴィナス研究における政治哲学の困難は、レイによって次のように語られている。「エマニュエル・レヴィナスについて政治哲学を語りうるのかどうか、いまだ問い続けられるであろう。ある者はこの問いそのものに眉をひそめてきたし、これからもそうしうるであろう」。Jean-François Rey, « Introduction de partie », in R. Burggraeve et al. (dir.), *Levinas autrement*, Leuven: Peeters, 2012, p. 107.

[9] P・ドゥロームは次のように述べる。「エマニュエル・レヴィナスは、政治哲学のようなものや、価値・規則・禁止の実定的体系という意味での道徳のようなものを有していなかったけれども、彼の哲学はたしかに実践的で政治的な連関を有している」。Pascal Delhom, “Necessity and Legitimacy of the State,” in J. Hansel (ed.), *Levinas in Jerusalem: Phenomenology, Ethics, Politics, Aesthetics*, New York: Springer, 2009, p. 75. われわれの課題は、彼のいうレヴィナス哲学の「政治的な連関」を政治哲学として捉え返すことにある。

[10] ペリュションによれば、レヴィナスの正義論は「政治」ではなく「政治的なもの」の省察である。「〔…〕レヴィナスはとりわけ権力を統治し支配し、さらには維持する方法の問いに関わる政治に興味がなかったとしても、政治的なもの、すなわちデモクラシーが維持されうる諸条件を省察した」。Corine Pelluchon, *Pour comprendre Levinas*, Paris: Seuil, 2020, p. 207.

[11] G・アンセルは次の論考において、レヴィナスが通常の意味での政治ではなく「政治の意味するところ」を示したと考えている。Georges Hansel, « Éthique et politique dans la pensée d'Emmanuel Levinas », in J. Hansel (dir.), *Levinas à Jérusalem*, Paris: Klincksieck, 2007, pp. 151-190.

第一部　複数性

政治は誰によって担われるのか。アリストテレスが、政治とは家政と違い「多くの指導者をもつ事柄である」と述べたように[1]、H・アーレントの思想において政治的なものの源泉である「活動」が「複数性という人間の条件」によって基礎づけられていたように[2]、政治に関わる者は複数である。既存の国家であれ新たな政治的共同体であれ、あらゆる政治はつねにこの事実に還元される。

しかし、この複数の主体すべてがそのまま政治の担い手であるかどうかについては、議論が分かれる。その答え方は伝統的に、大きく分けて二つに区分されるであろう。一つは個人主義的な仕方、すなわち政治は共同体の成員一人一人によって担われるとし、もう一つは共同体主義的な仕方、すなわち政治は共同体によって担われるとする。前者は、ギリシアのデモクラシーに始まり、宗教的あるいは国家的権威に抗する個人主義から、経済的新自由主義に至るまでの幅を持ち、後者は、古代の宗教的共同体に始まり、首長に共同体を象徴させるか両者を同一視するものから、共同体の形体や紐帯を具体的な様相から抽象化ないし分離するものまであり、それぞれが時代性やその危機を背景に多様なヴァリエーションをもっている。政治学における、主権者としての多数者《ホイ・ポッロイ》と単一者《モノス》の区別、あるいはB・コンスタンのいう「古代人の自由」、「近代人の自由」なる区分を持ち出すまでもなく[3]、現代における代議制ないし議会制統治においても主権の〈多〉と〈一〉との二面性は新たに問題となり続けている。

この問いに対して、レヴィナス哲学は第三の選択肢を見出した。彼は思考の出発点を個人でも共同体でもなく、倫理、つまり他者との関係に定める。単純化を恐れずに言えばレヴィナスは、〈一〉でも〈多〉でもなく〈二〉から出発することによって倫理と政治を思考しようとした。〈一〉と〈他〉の緊張関係において、個人と共同体という二者択一の手前で思考された〈二〉の関係は、翻ってふたたび政治的主体の複数性を問題としなければならない。したがって、第一部で問うべきは、レヴィナスのいう〈二〉の倫理がいかにして政治を問題とするかである。彼の政治哲学の中で、この問題設定は「第三者」、「相互性」、「制度」という鍵語によって発展を見ることになるであろう。

　これらの概念は従来のレヴィナス研究において、すでに一定の意味を与えられている。第一部の記述は、そうした既存の解釈を参照しながら行われることになる。そのため、一見些末な議論が含まれるが、それらによって彼の政治哲学の根本的な要素を確認したい。

注

[1] アリストテレス「家政論」『アリストテレス全集 一七』瀬口昌久ほか訳、岩波書店、二〇一八年、四六〇頁[1343a]（既訳からの引用）。

[2] Hannah Arendt, *The Human Condition*, Chicago: The University of Chicago Press, 1958, p. 7.

[3] 次の論考を参照のこと。Benjamin Constant, « De la liberté des anciens comparée à celle des modernes, Discours prononcé à l'Athénée royal de Paris en 1819 », in *Écrits politiques*, textes choisis, présentés et annotés par Marcel Gauchet, Paris: Gallimard, 1997. コンスタンは代議制を考えるうえで、市民の政治的自由を留保なく維持する「古代人の自由」と、それを議会が担う「近代人の自由」という二つの理念を論じた。

第一章　正義における主体性
——第三者論の再検討

レヴィナスは他者との関係を扱う倫理学を、存在論より根源的な「第一哲学」と位置づける（cf. TI, 340）。それは、存在論の歴史としての西洋哲学を含めてあらゆる言説が依拠する、いわば言語の根源となる意味作用が他者との関係を前提とするからだ[1]。認識能力をもつ主体性を中心的課題とする認識論一般に対して、その認識論的諸命題の真理性を担保するために他なる主体の認識という問題が優先されなければならないという主張は、レヴィナス哲学の最初期から確認することができる。最も早い時期の論文「エトムント・フッサール氏の『イデーン』について」（一九二九年）においてすでに、レヴィナスは「間主観的還元」という語を用いつつ、現象学の諸対象範疇は、多数の自我の認識の問題を通してふたたび還元されなければならないと主張している（IH, 76-78）。このことが第一哲学として彼の哲学において主題化されるには、一九五〇年代までの思索をまとめた、彼の国家博士論文である前期の主著『全体性と無限』を待たねばならない。

さて、『全体性と無限』においてやはり「第三者（tiers）」という概念が主題化される。第三者とは、主体と他者との関係に対して関わる別の他者である。語源となるラテン語の「第三者（terstis）」は「二者間で争う裁判ないし訴訟」の外にいる者、すなわち当事者でない者を意味しうるとG・アガンベンは指摘する。[2] またS・モーゼスによれば、人称代名詞の「彼」はヘブライ語において対話の当事者たる「私」と「あなた」以外の者を指している。[3] レヴィナスもこの語をみずからの仕方で「他者との関係の外にいる他者」という意味で用いている。[4]

　ところが、このように規定される第三者概念は、長らくレヴィナスの読者にとって大きな躓きの石であった。なぜなら、他者論の前提となるのは主体の秩序に対する他者の特異性であるが、両者の関係の「当事者でない」他者である第三者は、この特異性を反復し複数化することで本質的に無効化してしまい、他者論の成立を危うくするように思われたからである。ただし同時に、この概念によってはじめて、複数の主体を前提とする政治という問題がレヴィナスにおいて明らかにされることにもなる。レヴィナスが倫理を現実的なものとして論じる以上──主体と他者は「人のいない、第三者のいない無人島にいる」のではないのだから（EN, 117）──、この倫理が政治といかなる関係を結ぶかは重要な論点となる。したがって、第一部ではまずこの主体と複数の他者との関係が問題とされなければならない。

　他者と第三者の関係について、大きく分けて二通りの解釈がある。第一の解釈によれば、第三者は他者との出会いにつねにすでに居合わせる他者たちを意味する。他者との出会いはほかの他者たちとの出会いの中の一つにすぎず、はじめからありふれたものであることになる。言葉を換えれば、出会いにおける他者とははじめから第三者たちのうちのひとりである。これに対し第二の解釈によれば、第三者は他者との出会いへ介入し、この出会いを中断するような他者たちを意味する。他者との出会いは、この中断によって何らかの変容を被ることになる。つまり、他者との出会いと、それを変容させる第三者との出会いとは異なる意味をもつはずである。第三者をめぐってこれまでさまざまな議論が行われてきたが、そのほとんどがこの二つの解釈の一方を重視して他方を包摂させる議論に収斂する。

しかし結論から言えば、第三者についての規定は二つの異なる問題を提示するものであり、両解釈をそれぞれ別の仕方で成立させるものである。レヴィナスの記述を確認して第三者を分節化することによって、われわれははじめて彼の「政治的なもの」を議論することができる。そのためにとくに、レヴィナス追悼講演録「迎え入れの言葉」（一九九七年）におけるジャック・デリダ（一九三〇-二〇〇四年）のレヴィナス読解が参照される。デリダは、レヴィナスを主題的に扱った最初の論文「暴力と形而上学」（一九六四年）の時点から一貫して第三者概念に注目しており、この読解を追うことでわれわれは第三者論の射程を理解しうるであろう。

第一節　眼差しの中の第三者

レヴィナスはその多岐にわたる思想の中でも、とくに独自の他者概念によって知られる。この特異な存在が別の他者たちといかに結びつくかを議論するために、われわれは、前期の主著『全体性と無限』（一九六一年）を参照しながら、まずこの概念の枠組みを明らかにしたい。

『全体性と無限』においてレヴィナスは、他者との関係を本源的な「教え」として論じている。それは言語において世界を提供する特権的な教えである。

> 現れの両義性は〈表出〉によって、他者の私への現前、つまり意味作用の本源的な出来事によって乗り越えられる。〔…〕世界はわれわれの主題となる――そしてわれわれの対象となる――が、それはわれわれに提示されたものとしてであり、世界は〔他者の現前としての〕本源的な教えから到来する。学問的な営為自身もまた、その教えの只中に成立し、その教えを必要とする。世界は他人の言語において提供され、命題が世界をもたらすのである。〈他者〉が現象の始原なのである。（TI, 92f）

レヴィナスに先立ってフッサールが問題化したように、認識とは、何らかの主体がすでに存在する対象と事後的に結びつくことではない。そうではなく、一つの現象の二側面――ノエマとノエシス――の間で、方向性をもった意識が対象を構成し、対象化し、主題化することである。レヴィナスはこの現象学的テーゼを引き継ぎながら、この主題化においてすでに働いている意味の「意味作用」がどこから来たのかをみずからの問題とする。問われるのは、「意味作用の本源的な出来事」としての「他人（Autrui）」あるいは「他者（Autre）」の「私への現前」である。他者が現れることによって世界を定立する主題をなす、言語的秩序の意味作用が可能となる。[5] 言い換えれば、主体が存在する世界――享受、労働、所有の世界――は他者との関係におけるこの意味作用によって主題として意味することで、「世界」として与えられるのである。これが他者の「教え」がもたらすものである。他者との関係の学である倫理学は、こうして形而下の世界の意味を、主体に対して示す形而上学であり、「存在論」の前提をなしている。

存在了解もすでに、存在者が与えられるところの主題の背後からふたたび生起する存在者に対して

> 語られる。この「〈他人〉に対して語ること」——対話者としての〈他人〉とのこの関係、存在者とのこの関係——がすべての存在論に先立つのである。他人との関係が、存在における究極の関係である。存在論は形而上学を前提としているのである。（TI, 39）

言語の向かう先であり、意味と言語的秩序の源泉である「対話者」としての「他人」との関係こそが根源的意味作用であり、事物に同一性を付与し、世界を世界として提示し、存在者をそれ自身として意味づけること、また存在論としての存在の語りを可能にする。それゆえ言語を用いて認識する主体にとって、他者との関係は認識の条件である。それにもかかわらず、他者との関係が認識に対して副次的であるかのように見なし、自己欺隔的に自己同一性を拡大していく主体は「帝国主義」（TI, 86）と形容される。哲学は別の仕方で、この矛盾含みの帝国主義とは異なる立場を考えなければならない。

言葉を換えれば、他者との関係において、主体の有限性を暴露する外部的な「無限なもの」が主体に対置される[6]。この無限なものとしての他者の「顔」を、主体は無視する——「殺す」——ことはできない。

> 〈他者〉が私に対置するのは何らかの最上級の力ではなく〔…〕、まさしく〈他者〉の超越という無限なものである。この無限なものは殺人よりも強く、すでに〈他者〉の顔においてわれわれに抵抗している。この無限なものは〈他者〉の顔であり、根源的な表出であり、「汝殺すなかれ」という最初の語である。（TI, 217）

根源的表出、「汝殺すなかれ」という最初の言葉は、有限な主体の主体性を問いに付す「呼びかけ」である。主体はこの呼びかけを前提とした新たな主体性を獲得する。[7] この新たな主体性の獲得は、呼びかけへの「応答」であり、主体は他者へ応答する「責任」を負う。無限なものへの応答は、享受、労働、所有といった主体の権能とは異なり、主体への包摂として考えることはできない。主体の権能が及ばない、権能の有限性を暴露する他者への責任もまた、この意味で「無限なもの」なのである。[8] また他者の呼びかけは、主体の秩序の中にはなかったはずの言語であり、既存の秩序を否応なく更新させる特権的な言語である。このように、レヴィナスの言語論の特長は、発話や表象ではなく他者との関係自体に言語の根源を見出しつつ、それがつねにすでに帯びている社会性、倫理性を指摘したことにある。[9]

通常、「普遍性、国家、歴史、全体性において」その客体となっている主体は、他者との関係によって「責任を負ったものとして、自分がみずからの最終的な実在性に連れ戻されていることを見出す」（TI, 194）。他者によって権能を問いただされることで、主体は諸主体の中で「責任を負ったもの」として、「最終的な実在性」としてのいわば本来的な主体性へと送り返される。他者の呼びかけに対する主体の応答の事後性と、両者の非対称的関係はレヴィナスによって一貫して強調される。これが彼のいう他者への無限責任と、それを担う主体性の基本的な素描である。

この他者との関係において、「第三者」もまた現前する。「〔他者の〕顔の現前――〈他者〉という無限」は、「第三者（換言すれば、われわれを眼差すすべての人間）の現前」である（TI, 234）。また第三者は、顔を通して、かつそのときに限り現れる（TI, 341）。つまり、第三者とはさしあたり、他者の現前に伴って現れ、その関係から離れて現れることのない別の他者であることになる。主体は他者の顔と対面し、特異的な対話関係を結ぶが、それは同時に社会における顔であり、名をもつ誰かの顔であり、別の他者たちの顔の中の一つの顔でもある。つまり、第三者という主題は、他者の特異性の本質的な複数性という問題を含むことになる。こうした複数の第三者たちとの社会的関係を、レヴィナスは「正義」と呼んでいる（TI, 234）。

　したがって、『全体性と無限』における第三者論は（顔との関係としての）倫理か（第三者との関係としての）正義か、という二者択一の問題ではなく、正義に開かれた倫理の問題として考えることができる。このことはクリッチリーの読解によれば、倫理がつねに「政治・公共空間の中で」現れ、「人間全体の問題」へとつながるということを意味している[10]。第三者が介在するがゆえに、主体と他者との関係は二人きりの閉じた関係となることがない。主体と他者との関係を自閉的なモデルで考える場合、この関係もやはり一つの全体性を形成する。他者との関係を絶対化することは、いわば他者を介して一段込み入った仕方でのエゴイズムにほかならない。レヴィナスはこのような主体と他者の閉じた関係を、さまざまな表現で批判している。たとえば、ブーバーの「我‐汝」の他者論を批判しながら、「みずからの中で充足し世界を忘れてしまう「我‐汝」」と述べたり（TI, 234）、共通点や類似性を前提とした共同体を「われわれ」または「仲間たち」への同一化（EE, 137）と述べたりする。

　「眼差しの中の第三者」の議論は、顔が複数性において、第三者たちの中で、ありふれたものとしてしか現れえないことを意味している。この筋立ては、後期において「語ること（Dire）」と「語られたこと（Dit）」の関係からも説明される（AE, 6–9）。「語ること」としての根源的言語は、存在論的、客観的な言語である「語られたこと」という「痕跡」を通してしか現れることができない。他者との言語は、第三者たちとの言語において理解されるのである。このことについて、E・フロンが「語られたこと」とは、「語ること」の存在様相であると強調しているように[11]、特異的なはずの無限なものは、それ自体としてではなく有限なものによる表象を介して、またそれによってのみ存在者として世界へと現れることができるのである。

最も早いレヴィナス『全体性と無限』への応答の一つである「暴力と形而上学」の中で、デリダはすでにこの第三者を、「普遍的証人」もしくは「われわれをして我－汝の「尊大な精神主義」に陥らせぬような世界の相貌」として論じている（ED, 156）。彼の主張通り、この第三者は他者、他者と主体の関係の特異性を回収する「普遍性」によって特徴づけられる。その後もデリダはレヴィナスの第三者概念を一貫してこの方向性から読み解いている。レヴィナス追悼講演「迎え入れの言葉」において、彼は次のように述べる。

> 唯一者との対面によって、ある種の文字以前の宣誓において、無条件な尊重あるいは忠実さにおいて、他者への私の応答責任という無限の倫理が開始されるとしたら、第三者の不可避な生起、また第三者に伴う正義の不可避な生起によって、第一の宣誓逸脱が記される。沈黙した、受動的な、苦しいものであるが、しかし欠かすことのできないものであるようなこの宣誓逸脱は、偶然でも二次的でもなく、顔の経験と同様に根源的である。（A, 67）

デリダはレヴィナスの倫理にとって不可避なものとして、第三者による「宣誓逸脱」を強調している。

つまり、「無限の倫理」の根源においてすでに、他者の複数性からくる有限性が記されているということである。このことを、別の個所でデリダはより直接的に表現している。「第三者の経験は中断として定義されるが、それは問いに付すこととしての問いと正義の根源であって、第二の闖入ではない。第三者の経験は最初の瞬間からして不可避であり、顔において不可避なのである」（A. 190）。デリダはつねにレヴィナスの第三者概念を、この「最初の瞬間からして不可避」な第三者——すなわち「眼差しの中の第三者」——として扱っている（A. 67）。この他者の特異性と複数性に関する議論は、彼自身の「すべての他者はまったき他者である」という定式化のうちにもアポリアとして現れている（DM. 114）。デリダの用いる他者概念の外延がレヴィナスのいう他者と異なるのは言うまでもなく、両者が単純な比較を排するにせよ、特異的なものの複数性という図式は両者に共通のものである[12]。

第二節　隣人の隣人

ここまでは『全体性と無限』における「眼差しの中の第三者」について論じたが、後期の諸著作において展開される第三者の「隣人の隣人」としての位置づけを確認する。後期の主著、『存在の彼方へ　あるいは存在するとは別様に』（一九七四年、以下『存在の彼方へ』）の第三者は『全体性と無限』と同じく「眼差しの中の第三者」として規定される。「第三者との関係は、近さの非対称性の絶えざる訂正であり、この訂正において顔は顔でなくなる」（AE. 201）。他者との関係、すなわち「近さ」の非対称性を絶え間なく訂正する第三者は、「最初のデュオがトリオになる」ようにして現れるのではないし、「第三者は、経験的に近さをかき乱すのではない」。このことは、「顔が同時に、隣人であり、もろもろの顔の中の顔でもある」ということであるとも言い換えられている（AE, 203-204）。つまりここでは、他者の根源的な複数性がやはり問題となっている。

他方、第三者は別の仕方でも規定されている。つまり、第三者は「隣人の隣人」であり、他者の隣にいる人間でもある。

> 第三者は隣人とは異なる。しかし、第三者は別の隣人であり、〈他者〉の隣人であり、たんに〈他者〉と似たものではない。だとしたら、他者と第三者はお互いに何ものなのだろうか。他者は第三者に何をしたのか。どちらが他方に先んじているのか。他者は第三者とのある関係に属している。私はたった一人――いかなる疑問をも挟まずに――隣人に対して応答しているのにもかかわらず、私はこの第三者に対して全面的には応答することができない。他者と第三者、私の隣人たち、同時的な者たちは、それぞれから私を遠ざけあうのだ。（AE, 200）

この第三者は他者との出会いに居合わせているが、他者との出会いを通して、他者の出会いに伴って現れるのではなく、あくまで別の出会いとして描き出される。この箇所において、『全体性と無限』の議論を読み込むとすれば、そもそも第三者とは他人の眼差しの中にいるはずで、他者の隣にいる必要はない。むしろ隣にいる具体的な第三者が、「すべての人間」とも言い換えられる眼差しの中の第三者の意味のすべてであってはならない。眼差しの中の第三者は、顔が特異的なものではないことを意味していたはずで、隣にいる別の具体的な他人を指すわけではなかったからである。つまり、後期に至って第三者は複数の具体的な倫理関係という問題――「隣人の隣人」の問題――の契機として提示されている。別の言い方をすれば、『全体性と無限』においてじっさいに他人との関係の外に居合わせていた他者たちが、『存在の彼方へ』において主題化されたと考えることもできよう。これこそがまさに、具体的な状況に対していかに応答すべきかという「政治的なもの」の問題である。このことは「比較しえないものの比較」と形容され、そのアポリアがさらに強調される（AE, 201）。

　後期の主著で定式化されたこの「隣人の隣人」という問題にしたがって、第三者を介した関係である正義に対しても、徐々に別様な説明が加えられてゆく。じっさい、対談録「問いと応答」（一九七七年）において、「眼差しの中の第三者」との正義を、「隣人の隣人」との正義と区別すべきなのではないかと問われた際――「正義という語が他人との関係に用いられるのと同様に第三者との関係にも用いられているのを見つけました。しかし、あなたの思想によればそれらは非常に隔たった関係です。用語的な区別を必要とするのではないでしょうか」（DVI, 132）――、レヴィナスは次のように答えている。「あなたの設けた区別はいずれにせよ正当なものですが、同時にこれらの諸項の間の近接性もまた本当なのです。『全体性と無限』において採用された存在論的な用語法はまったく最終的な用語法ではありません」（DVI, 133）。ここでレヴィナスは、「眼差しの中の第三者」との正義が、「隣人の隣人」の正義とは近接的な関係を結びながらも区別されうるということを認めている。

　また、前者はその後、一九八六年の対談において、「慈悲（miséricorde）」と呼ばれるようになり「隣人の隣人」との正義と明確に区別されるようになる。そして後者こそが正義の名にふさわしいものであると告白されるに至る。

『全体性と無限』では私は正義という語を二つの意味において用いました。それは両義的な語です。一方は他者との関係であり、かつては責任と呼び、今は慈悲と呼ぶものです。慈悲は、多分に憐れみが込められた、ヘブライ語のラハミーム[13]という美しい語です。正義がこのことを指示するのに悪いというわけではありませんが、ただ他方、第三者が現れたとき、そしてその結果分割という主題の全体が現れたとき、正義が現れ、私に対して出現するのです。分割は価値を算出する可能性として非常に重要です。(SA. 36-37)

いまやレヴィナスは正義を以上のように分節化し、「眼差しの中の第三者」との正義については、「隣人の隣人」との正義と区別したうえで、「分割という主題」に関する「正義の後ろの正義」と呼んでいる(SA. 47)。政治の問題である分割という主題に関しては後に述べることになるが、少なくともここでレヴィナスが扱っているのはもはや倫理かつ正義の二重性ではなく、倫理に対立する正義の問題である。これらのことから、レヴィナスは後期において「眼差しの中の第三者」に加えて「隣人の隣人」の問題を主題化することで、徐々に前期の用語法を変更したと考えられる。

このレヴィナスの「隣人の隣人」と同じ問題について、デリダはやはり「迎え入れの言葉」において論じている。彼はこのことを倫理と正義の間の沈黙、政治的内容の「未規定性」の問題として展開する[14]。ただしこのとき、「われわれが今進もうとしている帰結に彼は賛同しただろうか」と述べつつ、あたかもデリダはレヴィナスが論じなかった彼固有の問題を提出しようとしているかのように論じている。

いかにこの〔倫理と政治、倫理と法権利との間の〕沈黙を理解するべきだろうか。また、誰がこの沈黙を理解しうるのだろうか。次のように書きとれと命じられているようだ。すなわち、〔倫理から正義を〕演繹せよとの絶対的な／形式的な命令は拒否しえぬままであり、この命令は第三者や正義と同じく待ったなしであるのだ。倫理は政治と法権利に命令する。この〔倫理と政治・法権利との〕依存と条件つきの派生の方向づけは、無条件であるごとく不可逆なのだ。しかし、このように指定された政治的あるいは司法的な内容／抑制は、反対に未規定的なままであり、知の彼方、可能なあらゆる現前、あらゆる概念、あらゆる直観の彼方において、規定されるべきものであり続ける。単独的に、各人によって把握される／担われる話し言葉と責任において、各状況において、そしてその度ごとに唯一な——唯一で無限の、唯一だがア・プリオリに身代わりへと曝されており、唯一だが一般的な、決定の切迫にもかかわらず無期限の——分析ののちに、規定されるべきものであり続けるのである。

(A. 198–199)

われわれの解釈によれば、ここで彼はむしろ後期のレヴィナスの問いを忠実に反復している。すなわち、「政治的ないし司法的な「内容」」を導くような「唯一だが一般的な、決定の切迫にもかかわらず無期限の」分析を可能とするものの問いである。別の言い方をすれば、特定の政治への倫理的命令の不在は、レヴィナスにおける「比較できないものの比較」であり、政治的なものの問題の本質的論点をなす。

デリダは「隣人の隣人」としての第三者論を分節化せず「眼差しの中の第三者」としての第三者と同一視していたものの、レヴィナスが後期において直視した政治的なものの問題——沈黙の問題——を指摘することで彼と問題意識を共有していたのだ。

第三節　社会における他者たち

「眼差しの中の第三者」と「隣人の隣人」の両者の区別をいかに解釈するのかについては、議論が分かれるであろう。第一の解釈は、「眼差しの中の第三者」から、「隣人の隣人」を解釈、または訂正しようとするものだ。たとえばすでに述べたように、デリダは「第三者の経験は〔…〕第二の闖入ではない」と述べて基本的には「眼差しの中の第三者」のみをレヴィナスに帰す。『アデュー』ギリシア語版（Edition AGRA. 一九九六年）翻訳者のV・ビトソリスも、後期のレヴィナスの説明——ビトソリスは対談録「問いと応答」を引いている——には「少しばかり驚かされる」と漏らして賛同しかねている（A. 112）。ディディエ・フランクもまた、他者との出会いにすでに居合わせる第三者という規定を強調し、倫理に対する正義の先行性と優越性とを主張する[15]。こうした解釈は、第三者論を介して政治の問題へと至るレヴィナスを等閑に付すか、端的に非合理と見做している[16]。

第二の解釈は反対に、『全体性と無限』における「眼差しの中の第三者」は後期において「隣人の隣人」によって置き換えられたと考える。たとえば、モーゼスは倫理に第三者が介入することによって生じる正義のことを「客観的正義」と呼んで重視し、倫理の前提となる他者の複数性という問題とは区別して論じている。[17] Ｊ・ロランは後期第三者論を政治的主体化の議論と捉え、ここに両主著間の「語り直し」を見る。[18] こうした議論は、レヴィナスに政治哲学を見出そうとする論者に一つの視座を与えてくれる。[19]

しかし、これらの解釈はどちらも問題を孕んでいる。第一の解釈では、後期のレヴィナス自身の正義の分節化を少なくとも訂正せざるをえないし、後期レヴィナスにおける政治に関する議論を縮減してしまう。また、第二の解釈では、特異的な顔の複数性にまつわる前期第三者論を取り逃してしまう。

そこで、「眼差しの中の第三者」と「隣人の隣人」とを区別し、両立させるという第三の道が考えられなければならない。レヴィナスの言説には、他者がその中の一人であるところの他者たち――「眼差しの中の第三者」――と、具体的状況において主体に応答を求める他者である他者たち――「隣人の隣人」――という二つの第三者が存在する。こう考えることによって、レヴィナスが生涯にわたって考え続けた第三者論の全射程を論じることができるのではないだろうか。

ここで二つの留保が加えられねばならない。第一に、二つの第三者の規定は経験的なものではない。具体的状況における責任が、「眼差しの中の第三者」と「隣人の隣人」のどちらに対するものかを弁別することはここでは問題になっていない。じっさいには、第三者はすでに他者とともに出会いに居合わせ、しかも同時に、具体的応答に関わっていることができる。問題はこれらがそれぞれ別の事柄として扱われうるということにある。第二に、この主張は『全体性と無限』から『存在の彼方へ』への転回論ではない。前期の諸著作や『全体性と無限』の議論の中にさえ萌芽的な形での「隣人の隣人」の議論は存在していたし――だからこそレヴィナスは『全体性と無限』において「正義という語を二つの意味において用いた」（SA. 36）と後年述べているのであろう――、すでに見たように後期においても、レヴィナスは「眼差しの中の第三者」の正義について触れることがあった。われわれが主張するのは、これらの用法が時期的に区分されていることではなく、後期において社会的正義や政治が問われることによって「隣人の隣人」の問題が明確化されているということである。

このように考えるならば、他者との関係としての倫理がいかにして政治において作動するのか、すなわち、他者がすでに第三者のうちのひとりであるにもかかわらず、他者として倫理的に政治に関わり、さらに他者たちによって別の仕方での政治を生み出していくのはいかにしてかを問わねばならない。主観性の現象学を他者論から再開しようとしたように、他者論を第三者論から再開することも、レヴィナスによって構想されていたと考えるべきではないだろうか。彼が当初構想していた「間主観的還元」は、他者のみならず第三者との関係によって思考されうるのではないか。他者との特異な関係は複数の他者との関係の中で、社会の複雑性の中で問い直されなければならない。

一般化すれば、主体と他者、他者たちとの関係は、次のように示される。複数の他者との関係を構成する特異的な他者との関係は、複数の他者たちと無関係に、それ自体で取り出すことはできない。その反面、それは他者の複数性を成り立たせている要素の一つでもある。他者とは、この意味で特異性と複数性とが二重化された存在であることになる。言葉を換えれば、倫理は政治を成立させるが、それ自体を取り出すことができず、政治の中で倫理は「眼差しの中の第三者」と「隣人の隣人」との関係において現れる。これが社会における他者たちの存在様相である。[20]

以上のような議論について、彼自身によって明示的に分節化されていないことから、レヴィナスには「デリダに比して」正義論がない、あるいは「正義の概念があいまいである」と評することもできるが、それは彼の議論を縮減することになる。[21] レヴィナスの残した両義性を切り捨てるのではなく、テクストに即して分節化すれば、二つの第三者論と固有の正義論を取り出すことは十分可能である。なお今後、われわれは「隣人の隣人」が提起する責任の比較あるいは計算という論点を表す際には、多義的と述懐された「正義」よりも「政治」という語を用いることにしよう。それは具体的状況において、他者とともに主体の同一性を問いに付す、別の他者を介した問題である。

主体は社会において複数の人間と生を営んでいるが、応答が求められる特異的な状況において、比較できないものの比較を通して政治的な判断を行っている。このようにして倫理的に問題化されたあらゆる主題は、ふたたび政治的な次元において位置づけ直されなければならないことになる。これ以降、本稿を通して提起される政治の問題は、以上のような読解上の仮説を前提としている。

注

［1］レヴィナスは『全体性と無限』において「スピノザからヘーゲル」、あるいはフッサール、ハイデガー等の主体論は、領域拡大する主体の存在論であり、その前提である「他者」との関係、すなわち倫理を取り逃していると批判する（TI, 86）。

［2］アガンベンはこの意味での「証人（testis）」の外部性を指摘する。そのうえで、当事者でありながら証言する「証言者（superstes）」を区別して用いている。Giorgio Agamben, *Quel che resta di Auschwitz. L'archivio e il testimone. Homo Sacer III*, Torino: Bollati Boringhieri, 1998, p. 15.

[3] Stéphane Mosès, « Autour de la question du tiers », in D. Cohen-Levinas, B. Clément (dir.), *Emmanuel Levinas et les territoires de la pensée*, Paris: PUF, 2007, pp. 235-244.

[4] この意味での第三者は、もう一つの三人称である、レヴィナスの「彼性」の議論からは区別しなければならない。たとえば、『存在の彼方へ』の次の記述を参照のこと。「まさに預言において、〈無限〉は主題化・語り合いによる客体化を逃れ、そして「彼性（illéité）」として「〈三人称〉（à la Troisième Personne）」で意味する。だがその「第三者性（tertialité）」は三人目の人間の「第三者性」とは異なる。つまり、他なる人間の迎え入れとしての対面を中断する——隣人への近さ・接近を中断する——第三者、彼によって正義が始まるところの三番目の人間とは異なるのである」（AE, 191）。この議論に立ち入ることは、レヴィナスの政治哲学を主題化しようとする本書の権能を超えている。

[5] ここでは「現前」という言葉が用いられているが、後期においては、他者の現前へ主体がつねに遅れているということ、つまり共時性を欠いているという意味で「痕跡」を論じる「隔時的思考（pensée diachronique）」が強調されることになる（AE, 8-9）。しかしこのような時間的なずれを問題にするためにも、まずは他者の現前が問われなければならない。

[6] J・アンセルは「教え」をもたらす他者を「師」と見做すことをデカルトの「無限の観念」論における「脱形態化」と「具体化」という機能と結びつけ、自己への命法という側面と無限の観念を与えるという側面とを区別して論じている。Joëlle Hansel, « Éthique et enseignement: La figure du maître dans *Totalité et infini* », in *Les Temps modernes*, n° 664, mars 2011, pp. 151-169.

[7] この「汝殺すなかれ」という言葉は、他者との出会いを無視することの不可能性、出会いの不可避性を指す。だが、これは私の応答としての「殺人」の可能性を開く出会いでもある。レヴィナス自身が言うように、むしろ他者との出会いにもかかわらず、殺人は月並みなものである（TI, 217）。

[8] この呼びかけと応答の関係は、神の呼びかけと、それ応えるアブラハムの「われここに（Me voici）」になぞらえられることがある（e. g. AE, 145）。この表現は「いまここ」における応答の現在性を含んでいると考えられるが、この点については、第四章においてより詳細に論じる。

[9] 彼の言語論は、なかば批判的な形ではあれ、J＝F・リオタール、デリダ、J・バトラーらに引き継がれ、ポスト構造主義のいわゆる「言語論的転回」の一契機をなしている。たとえばY・ティエリーはレヴィナス倫理学を、現象学と存在論批判による「言語への回帰」としての他者論として読解し、メルロ＝ポンティと対比しつつ論じる。次の論考を参照。Yves Thierry, « Discussion avec l'ontologie (Lévinas et Merleau-Ponty) », in *Cités*, 25, 2006, pp. 101-110.

[10] Simon Critchley, *The Ethics of Deconstruction. Derrida and Levinas*, Oxford: Blackwell Publishers, 1992, p. 225-226. ただし彼の読解は「眼差しの中の第三者」と「隣人の隣人」とを区別しない。さらに、デリダを介してレヴィナスの「正義」、「第三者」、「デモクラシー」を理解することで、われわれが後に見るようなレヴィナスの独自性を捉え損なっている。

[11] この点について、次の議論を参照のこと。Étienne Feron, « L'événement », in N. Frogneux, F. Mies (dir.), *Emmanuel Lévinas et l'histoire*, op. cit., pp. 103-131. また、より一般的にいえば、この議論は排中律原理（le principe du tiers exclu）、つまり「排除された第三項（le tiers exclu）」を用いる論理学的問題に通じている。レヴィナスは〈同〉と〈他〉の関係とを、たんに対立する項同士の関係——Aと非Aの関係、つまり第三項を排除する関係——として、位置づけることができないと述べる（TI, 27）。なぜならこの対立関係において、両者は対になる項として同一化されるからである。形而上学的な意味での〈他〉とは、先に述べたように、〈同〉の秩序を超えたものであり、排中律原理のような論理的秩序において語ることができない。言い換えれば、論理学的にも「第三項」は排除しえないのである。おそらくヘーゲル論理学への批判を含んだこうした議論は、『全体性と無限』の経糸の一つを為していると思われる。ただしわれわれの目下の関心は政治哲学であるがゆえに、

この議論に立ち入ることはできない。

[12] たとえば、デリダはレヴィナスの顔が他者としての動物を排除すると考えている（ED, 210）。デリダの他者は絶対的な他者を指し、レヴィナスのようにかならずしも社会的関係を結ぶ相手ではない。

[13] 「ラハミーム（rachamim）」はヘブライ語で子宮を意味する「ラハマン（rachaman）」の複数形であり、妊娠や産みの苦しみを包む母の慈愛を意味する。この意味での責任が正義と分節化されるとすれば、レヴィナスにおける「母性（maternité）」や「繁殖性（fécondité）」の布置も再考されねばならないであろう。

[14] この「沈黙」は預言者「エリヤが呼びかけられた」沈黙とも呼ばれ、聖書的文脈をも有している（A, 197）。命を狙う追手を避ける、辛く長い旅路の後に、エリヤは神の山ホレブの洞窟に逃げのびる。このとき彼は神から呼びかけられるが、それは「沈黙の声」（『列王記 上』第一九章第一一節）であったという。

[15] フランクの次の著作箇所を参照のこと。Didier Franck, *L'un-pour-l'autre. Levinas et la signification*, Paris: PUF, 2008, pp. 64–65.

[16] このほかにもたとえばD・アトリッジは、「第三者」論について「たった一人の他者への私の義務に応答しつつ、いかにして同時に人類全体に対して正当に行為するか」という問いを残してしまうと否定的な評価を与えているし、二つの第三者論の関係について、「『全体性と無限』から『存在の彼方へ』へ、レヴィナスの正義の理解がはっきりと転回したことがわかる」と述べ、転回論に回収してしまっている点で不満が残る。Derek Attridge, *Reading and Responsibility: deconstruction's traces*, Edingburgh: Edinburgh University Press, 2010, pp. 97–116. J＝M・サランスキもわれわれと同様に分節化するが、「隣人の隣人」論による政治的問題系を「相対的だ」と断じている点で不満が残る。Jean-Michel Salanskis, *L'humanité de l'homme: Levinas vivant II*, Paris: Klincksieck, 2011. また彼は「自我と全体性」（一九五四年）にこうした第三者論の起源を見る。レヴィナス自身が述べるように、そこでの議論は「まだ若い」ものであり、後期の分節化を待ってはじめて分節化されるといえよう（SA, 37）。また、レイはこの論点を現実的な政治ではなく主体化過程における問題であると述べ、前期思

想へと回収する。Jean-François Rey, « Qu'ai-je à faire avec justice? Levinas penseur de la justice », in J. Hansel (dir.), *Levinas à Jérusalem*, op. cit, pp. 269–278.

［17］Stéphane Mosès, « L'idée de justice dans la philosophie d'Emmanuel Lévinas », in *Revista portuguesa de filosofia*, No. 62, RPF, 2006, pp. 379–394.

［18］Jacques Rolland, « Un chemin de pensée: Totalité et Infini – Autrement qu'être », in *Emmanuel Levinas*, *Rue Descartes*, n°19, Paris: PUF, 1998, pp. 39–54.

［19］このほかにもたとえば、C・F・アルフォードはレヴィナスの第三者を「他者に全面的に応答できないこと」と位置づけつつも、後期の立場から「正義の問いは第三者の導入によって新たな意味を得る〔…〕いまや、私はいかに私の責任を配分するかを考えなければならない」としている。C. Fred Alford, "Levinas and Political Theory", in *Political Theory*, Vol. 32, No. 2, 2004, pp. 146–171. あるいはCristobal Balbontin Gallo, « Levinas et la question du politique: De quel État s'agit-il? », in *Revue philosophique de Louvain*, 116(3), 2018, pp. 365–396. 本稿によれば、これらの議論では主体の複数性に関する前期の視点が後期の政治的第三者論に回収されてしまう。

［20］ここにJ＝L・ナンシーの『複数にして単数の存在』との近接性をも見ることができよう。この著作において「特異な存在（singuli）」はラテン語でつねに複数形であるが、この文法的な両義性を用いて、特異なものの複数性と単数性の両義性が論じられる。また同様に、彼はハイデガーの「共存在（Mitsein）」を「ともにあること（l'être-avec）」と訳しつつ、手垢のついた共同体概念を、その共同性からではなく「ともに」の根源的意味から問い直そうとする。Jean-Luc Nancy, *Être singulier pluriel*, Paris: Galilée, 1996.

［21］Olivier Dekens, *Politique de l'autre homme: Levinas et la fonction politique de la philosophie*, Paris: Les Éditions Ellipses, 2003, p. 39.

第二章　困難な相互性

――ブーバーとともに

前章において述べたように、レヴィナスによれば、第三者を介した他者の複数性が「眼差しの中の第三者」、「隣人の隣人」として介在することで、他者との関係は自閉的な全体性となることがない。この点で、彼は同じくユダヤ人哲学者であり、他者論の先駆であるマルティン・ブーバー（一八七八－一九六五年）のいう「我－汝（Ich-Du）」の関係、そしてその「相互性（Gegenseitigkeit）」を批判し続けている。[1] しかし語法だけをみれば、レヴィナスもまた政治論において「相互性（réciprocité）」を論じている。そこで本章では、彼のブーバー批判を参照しながら、彼の独自の相互性概念を取り出すことにしよう。

一般に、諸主体間の相互性という概念は、二つの用法で用いられる。[2] 第一にそれは、諸主体間の、外部から客観的に支持された関係である。たとえばそれは、共同体、法、市場などのエコノミー的関係において資格が同等であり、その限りでこの関係を支えあっていることを指す。この同等性とは、階級や位置づけが同一であるということではなく、それぞれの定められた階級や位置づけにおいて、一主体として同じ関係に内属しているということを意味している。たとえばある商品の売り手と買い手は、それぞれ別の役割を担っているが、市場における相互性を有している。この関係を支えあうこととは、たんにエコノミー的主体性が同等であるのみならず、それに基づいた諸主体の行為や意思決定が、そのつどその関係を追認していることにある。

第二にそれは、諸主体が、それら同士で結ぶ関係であり、各々が互いに承認しあうことを指す。第一の語義と異なり、第二の語義での相互性はかならずしも何らかの強制力や外的なエコノミー的関係を前提としないため、たとえ諸主体があらかじめそうした関係を共有していなくとも成立しうる。それは第三者の媒介を必要としない、当事者間において完結する関係である。

この区別を用いて、レヴィナスの批判を前もって整理しておこう。彼によれば、ブーバーはこの二つの意味内容にまたがる相互性概念を論じているが、相互性はたんに主体と他者の関係において成立するものではなく、そこから排除される「第三者」との関係を考えなければならない。言い換えるなら、主体と他者との相互性がありうるとすれば、それは他のあらゆる関係を排除もしくは包括した自足的なものではありえず、その限りで第一の語義の相互性に限定され、第二の語義の相互性を現実的な仕方で考えることができない。

レヴィナスのブーバー批判は三つに区分されうる。すなわち、（一）ブーバーの相互性が形式的であるとする批判、（二）「汝」を一相関者に帰す対称性であるとする批判、そして、（三）第三者の介入のない閉じた正義であるとする批判である。後に述べるように、レヴィナスの相互性批判に対しては、ブーバー自身を含め数々の再検討が試みられてきたものの、とくに最後の論点についてはこれまでほとんど顧みられることがなかった。しかし第三の批判においてレヴィナスは、そのほかの論点で示唆されるにすぎなかった他者との関係外の視点を提示しつつ、彼自身の「市民」としての相互性概念を端的に示している。したがってレヴィナスとブーバーの相互性に関する相違点を明らかにし、前者の相互性概念を論じるためには、この論点の再検討が不可欠である。そうすることで、レヴィナスのいう政治において、複数の主体がいかなる相互性を結びうるかが明確化される。

第一節　相互性概念に関する三つの論点

レヴィナスと同じくブーバーも、主体と他者との関係を、語りかけと応答を通した「教え」として特権化し、学問の基礎に置いた。彼は主著『我と汝』（一九二三年）において次のように述べている。

> 認識の精神、芸術の精神のうえに第三の精神がある〔…〕。ここで「汝」は、さらに深い秘密から人間に現れ、闇の中から彼に語りかけるが、人間は生をもってそれに応答する。ここでは言葉は何度も生となり、生は教えとなる。生はときに法を成就し、ときに法を破る——このどちらもが、地上で精神が死んでしまわないためにそのつど必要なのだ[3]。

ブーバーはここで、「汝」との関係を、「教え」を与える「語りかけ」から捉えている。彼は、知的認識と美的認識をも含めた、対象についての知的関係、それ自体では不完全で形而下的な「概念的認識（begrifflichen Erkenntnis）[4]」を「我‐それ（Ich-Es）」と呼ぶ。そしてこの関係に、「すべての真なる生」である出会いをもたらす、根源的な「我‐汝」の関係を対置する。[5] 後者の存在様態は、「我」と「汝」とが互いに全人格において向きあうこと、すなわち「相互性」である。[6] ブーバー哲学においては、対象化して把握する知的認識と美的認識に対して、この相互的関係につねに強調点が置かれる。この関係の相手は人間に限られるわけではないが、「語りかけ」、「教え」、「向きあい」などの人格間の対話関係をモデルとしており、同じく他者との対話関係を論じるレヴィナスと数々の論点を共有している。じっさい、レヴィナスはブーバー追悼論説「マルティン・ブーバー――預言者、そして哲学者」（一九六五年）において、彼を次のように称えている。

> 一方を他方へと、ある対話の相手として結びつける関係、一方がたんに他方の知的対象ではなく他方を呼びかけ、呼び起こし、「汝」と呼ぶところの関係――ブーバーはこの関係が独自で、根源的で、還元不能であると主張する。彼はこの関係の形而上学的優位を強調した。あらゆる存在者の本質的なものは、人格の間で生起する。こうして、ヨーロッパ哲学は主体を客体へ、原因を結果へと結びつける関係とは異なる知解可能性の原則を知るようになった。（MBPP, 32）

ここでレヴィナスはブーバーの中にも、人格間での根源的な対話関係ならびにその知的把握に対する優位性を見出す。それは、対話関係が個々の存在者の「本質的なもの」が生起する「呼びかけ」としての根源的言語であるからだ。この関係に強調点を置くことによって、ユダヤ哲学はヨーロッパ哲学の基づく言語を、ふたたび根本から問うことができたとされる。こうした主張において両者は多くを共有している。

それにもかかわらず、レヴィナスはブーバーの他者関係における「相互性」を批判し続けている。これはよく誤読されるように、レヴィナスにおいて相互性が存在しない、もしくは軽視されているからではない。そこで、彼自身の相互性概念を明らかにするために、以下では彼のブーバー批判を三つの論点において検討しよう。
（一）まず扱うべきは、人格が正面から向きあうことという相互性の規定は形式的だという批判である。たとえば論考「マルティン・ブーバーの思想と現代ユダヤ教」（一九六八年）においてレヴィナスは次のように述べる。

> われわれが思うに、ブーバーの作品は最も有効で新しい部分を受け継いでいくに値するのです。そして〔彼の著作の〕あいまいすぎる精神主義の、多少ロマン主義的な形式主義にとどまっていてはいけません。（HS. 30）

レヴィナスはここでブーバーの形式主義を批判している。彼によれば、ブーバーの相互性はたんに精神的に「出会う」、「向き合う」こととしてしか規定されていない。それらがいかなるものかという基準がないために、相互性の定義としては不十分である。ブーバーが挙げる例——目を見つめあうだけで、互いの感情が伝わる等——は、ともすれば主体によるロマン主義的な独りよがりになってしまいかねない。他者関係において一方から相互性を判断することは、他者の内面を不当な仕方で類推してしまうことになる。同じくこの点を指摘するために、Ｐｈ・ウィールライトは「教師と目があった瞬間だけ理解した素振りを見せる生徒」の場合をブーバーへの反例として挙げている。[7] どれほど生徒と相互に理解しあっていると表面上見えたとしても、生徒の主観性へ到達することができないからには教師の視点から「相互的である」と判断することはできない。ブーバーの相互性が具体的な規定を欠く以上、このような一方的な判断も相互性に含まれてしまいかねない。

　他方、レヴィナスは他者への応答が形式主義に留まるものではありえないことを、「物質性」の強調によって示そうとする。「〔ブーバーとは異なり、〕裸の者に着せ、飢えた者に食べさせることによって、〔…〕われわれはより隣人に近づけるのではないでしょうか。〔…〕そう、ユダヤ的物質主義です！」（HS. 31）。レヴィナスが主張する「ユダヤ的物質主義（matérialisme juif）」とは、応答における行為の物質性を重視する立場であると考えることができる。「着せ」、「食べさせ」という例が挙げられているが、ここでいう「物質主義」とは道徳的な意味での「善行」であるような、物を与えることに尽きるわけではない。[8] 他者との出会いは特異的であるがゆえに、既存の道徳に即して善悪を判断することが問題になっているわけではない。[9] そうではなく、応答は「ロマン主義的な形式主義」に留まらないために、具体的な行為としての内容をともなう必要がある。

　ただしじつは、ブーバーも形式的な関係のみを論じているわけではなく、出会いの前提となる具体的な行為にも重要性を認めている。ブーバーも、精神的合一を希求する神秘主義的関係の形式主義を批判し、我‐汝関係における行為の重要性を説いている。彼によれば、「万人が服を着て、十分に食べているときにだけ、真の倫理的問題が見えるようになりうる」（NP. 45）。つまり、彼もレヴィナスのいう「物質主義」を、倫理を考える前提として考えている。言葉を換えれば、両者はともに他者に向かって歩み寄る具体的行為を重視しており、ここにはむしろ近接性を認めることができる[10]。

(二) 次の批判は、第一の形式主義批判の別の側面である。たとえば、一九六三年の論文「マルティン・ブーバーと認識の理論」において、レヴィナスはブーバーの相互性がたやすく我と汝を「反転」させてしまう危険について述べている。

> われわれが自問するのは、この対話、あるいは問いと応答として現れる「他人」の他性との関係は、「我」と「汝」との逆説的な水準の違いを考え入れずに記述されうるかということだ。「我－汝」関係の起源は、この関係が外からではなく、この関係を成就する「我」によって知られるのだということから来ている。したがって「我」の位置は「汝」の占める位置と交換可能ではない。では、この自己性の位置づけは何によってなされるのか。もし我が「汝」と言うことによって我となるのであれば――、我は自分の相関者の位置に対応しており、「我－汝」の関係はほかの諸関係と類似していることになる。あたかも、「我」は「我」と「汝」について三人称で語る外的な観察者であるかのようだ。形式的である出会いは反転し、右から左へと左から右へとを区別せず読まれるのである。他人が私よりも高いものであると同時に、私よりも貧しいものであるような倫理において、我は汝から区別されるが、それは何らかの「属性」によるものではなく、ブーバーの形式主義と手を切るような高さの次元によるのである。(NP. 40)

ここでレヴィナスは、しばしばそう解釈されているように、我‐汝の相互性における、我と汝の対称性を批判したわけではない[11]。そもそも、我‐汝関係における汝を通して「永遠の汝」ないし「神」を見るはずのブーバーが我と汝を対称的なものと考えるはずがなく、したがって相互的関係における相関者は等しい位置づけにないことはレヴィナスも承知していたはずである[12]。引用箇所を慎重に理解するならば、ここで批判されているのは、ブーバーが我‐汝関係において汝の他性を強調するにもかかわらず、その相互性において主体は、「汝」を我に汝と呼びかけるもの、「我」を汝に呼びかけられるものという一相関者に帰す「外的な観察者」となってしまうことについてである。そして、この観察者にとっては、我と汝とが一関係の相関者として等しく扱われるという点も、それに併せて批判されている。たとえブーバーが非対称性を前提に相互性を思考していたとしても、そのさい主体が他者との関係の外に出て「外的な観察者」と化してしまうとすれば、それは当初の非対称性を破ることになるがゆえに許されない。レヴィナスはこうした権利をもたないまま秘密裡に「三人称で」語っている主体性をこそ批判しているのである。

翻ってレヴィナスのいう他者との関係において、主体は「外的な観察者」の視点から関係を捉えることはない。他者は主体を召命する「高きもの」であると同時に、主体の奉仕を懇願する「貧しいもの」でもある。この意味での主体と他者の非対称性こそがつねに強調される。この絶対的な非対称性が成立するためには、非対称性の外の視点が密輸入されてはならない。いわば倫理的関係においても現象学的な立場が維持されており、主体と他者とを一挙に視界におさめるような、マクロなカメラは不可能である。では、レヴィナスにおいて相互性は成立しえないのであろうか。この問いに向きあうために、第三の論点を検討しよう。

（三）第三に、レヴィナスはブーバーの相互性が包括的な正義であることを批判している。ブーバーにおいて正義とは我‐汝関係においてつねにすでに成立し、神との関係に包括される正義を指す。我‐汝関係は各々の我と汝に独占されており、現実においてはそれぞれ排他的なものであるが、同時にそれらは神との関係において包括的なものでもある。『我と汝』の議論を引こう。

> 神との関係において、絶対的排他性（unbedingte Ausschließlichkeit）と絶対的包括性（unbedingte Einschließlichkeit）は一つである。絶対的関係に入る者は、もはや単独者たち、事物と存在、大地と天空とは関係しない。すべてはこの関係に包括されるのだ。〔…〕すべてを排除せず、打ち捨てず、全世界を「汝」の中に包み、世界に「汝」の正しさ（Recht）と真理を委ね、神の隣ではなく、神の中にすべてを把握すること、それが完全な関係なのである。[13]

> いまや、こう言ってかまわないだろう。人間に向かって歩むところの関係において、神はその絶対性を伴うのである。神に向き直る人間は、いかなるほかの「我‐汝関係」からもそむく必要はない。まさしく彼は一切の関係を神へともたらし、それらを「神の顔において」輝かせうるのである。[14]

個々の我‐汝関係を通じて出会う神の中には、排他的であったはずのすべての我‐汝関係が把握される。つまり裏を返せば、すべての我‐汝関係をその「中に」包括する神との完全な関係が、我‐汝関係を通じて主体に現れる。これが神による絶対的包括性である。

また、「単独者への問い」（一九三六年）においてブーバーは、M・シュティルナー、S・キルケゴールの「単独者（das Einzelne）」概念を論じつつ、その本質的な対話関係への結びつきを示しているが、その中でもブーバーは「すべての他性への関係の可能性」が「神の現実性に包括される」と論じている。

> 単独者とは彼にとって、排他的である神への関係の現実性が、すべての他性への関係の可能性を包括し内包するような者であり、またすべての公的存在は、ともに生活を送るのに十分な他性を提供する他性の倉庫なのである。[15]

このようにブーバーは、絶対的かつ包括的な「神への関係の現実性」において、一つの我‐汝関係の中で、すべての我‐汝の関係を矛盾しないものとして考えている。[16]言い換えれば、他者との関係はそれぞれが排他的であるにもかかわらず、神を介した別審級では一つの相互性の中に包括される。前章で述べたように「眼差しの中の第三者」によって倫理の閉鎖性を問題にするレヴィナスの目には、ブーバーの倫理は包括性を志向し、倫理と正義とを区別せず論じる危険を孕んだものと映ったとしても不思議はない。[17]

この包括性への厳しい眼差しにこそ、レヴィナスが独自の相互性概念を提出する意義が端的に示される。それは、他者との関係の外部にいる「隣人の隣人」との政治的関係を介した相互性である。論文「ブーバーについて――若干の覚書」（一九八二年）では次のように論じられている。

> 相互性における他者との関係、すなわちブーバーのいう正義は、「我‐汝」において始まる。〔これに対して〕われわれのたどった展望によれば、倫理的不同等性から――われわれが間主観的空間の非対称性と呼んだものから――「人格間の同等性」への移行は国家における市民たちの政治的秩序に由来することになるであろう。倫理的秩序から国家が誕生することは、私の隣人「の隣の」第三者へもまた応答しなければならない限りで知解可能なものとなるであろう。しかし誰「の隣に」誰がいるというのか。私の隣人との関係の直接性は人間を人間のうちで比較し、裁く必要性によって矯正される。正義と客観性との場である普遍的な諸原則に訴えなければならないのだ。（HS, 62）

このように、相互的関係としての正義は、他者との関係においてではなく、他者との関係に対して外在する第三者、他者の隣の第三者への応答を契機としているのでなければならない。それまで根源的関係であったはずの他者との関係は、第三者によって問いに付され、主体と他者と第三者という三つ巴の関係へと変質する。ここで第三者も「全面的な応答」を求める他者だが、他者と第三者への複数の責任を全面的に両立させることは不可能である。そこで、どちらをどれだけ優先するかという比較が必要となる。このような諸責任の比較は責任関係を矯正し、「顔は顔であることをやめ」（AE, 201）、正義もしくは政治の次元が生まれる[18]。他者との関係はそれぞれ特異で無限である以上、一つの関係が他の関係を包括することはないし、それを包括する別審級が要請されることもない[19]。この倫理と政治のジレンマを経て、複数の他者たちとの責任関係の交叉からなる正義においてはじめて、「市民たちの政治的秩序」の相互性が考察されることになる。だからこそレヴィナスのいう相互性は、他者との関係から直接導き出されるような関係ではありえない。

M・フリードマンは、レヴィナスやレヴィナスの支持者がブーバーの社会・政治哲学を考慮に入れていないと批判する[20]。しかし、われわれのこれまでの議論によれば、レヴィナスはブーバーに社会・政治哲学がないと斥けたのではなく、そうした社会・政治哲学が基礎とするはずの倫理と政治のジレンマを正当に問題化できていない点を批判したのである。

第二節　格率と状況

ただしブーバーも彼自身の仕方で、他者との関係に端を発するジレンマ——レヴィナスのいう倫理と政治のジレンマ——を描こうとしていたという読解がなされることもある。たとえば、少年時代についての随想の中で描かれる葛藤の場面である[21]。ブーバーはあるとき、二人の友人が性的なパントマイムを行ったことを校長に告発するよう迫られた。彼はこのとき葛藤を覚え、それを「格率（Maxime）」と「状況（Situation）」との対立として位置づけた。これは「教室内の出来事を先生に告発するべきである」という格率が、二人の具体的な友人たちが罪に問われている目下の状況と対立する場面である。彼自身は当時この具体的状況に応えられなかったという。絶対的包括性のみが強調されるのだとしたら、この場面は少年時代のブーバーがいかなる相互性へも我‐汝関係へも至ることができなかった失敗談であることになろう。しかし彼はむしろこの場面のジレンマを、後の思索を導くものであったと肯定的に評価している。

　こうしたテクストからもわかる通り、ブーバーによれば、相互性は「我‐汝関係」においてすでに完成し、正義を成就してしまうわけではない。むしろ、他者との関係は、つねに不完全な形而下の世界――「我‐それ」の世界――にありつつも、同時に相互性を見出す可能性の場である。彼はこのことを指して「「それ」はサナギであり、「汝」は蝶である」と述べているのではないか[22]。高橋はブーバーが「単独者」同士の実存的な関係によって排他的関係を乗り越えていくこの過程にこそ力点を置いていたとし、ハシディズム的な「内在的超越」の影響を見ている[23]。つまり、個々の他者との関係は、相互性としてはじめから一切を包括してしまうものではなく、世界内においてこそ超越的な関係を待ち望む「場」だということになろう[24]。ブーバーが、個々の汝との関係において完全性を待ち望む中で出会う格率と状況の対立として、他者との関係の複数性がもたらすジレンマについて論じようとしていた可能性は残されている。ただし、彼によって我‐汝関係同士の矛盾と正義との関係がそれ以上主題化されることはなく、この意味で「第三者」が焦点となることはない。この問題提起の差異こそ、両者の対立点だったのではないか。

　ブーバーはじっさいにパレスチナにおいて生活の不安定さにさらされながらも、集産主義的なユダヤ共同体の実現へ向けて行動していた。考察の中心となるのは「いかに理想的な共同体を実現しうるか」という具体的な筋道であり、また「いかにアラブ人たちと相互性を形成しうるか」という火急の問いであった。問われるのは対立する者との相互性という困難な問いである。それに対しレヴィナスはフランスにとどまり、パレスチナにおけるアラブ人のみならずシオニズムを主張するユダヤ人もやはり他者として考えようとした。他者と他者とが傷つけあう事態、すなわち「隣人」と「隣人の隣人」とが対立する事態において、どちらの責任を優先するべきかという問いに、彼はじっさいに直面していたのかもしれない。この問題関心から、「聖典の民」の内部での教派対立に応じる形でユダヤ的普遍主義が標榜されることになるが、これについてわれわれはのちに立ち入って論じる。両者の構築した議論をただちに歴史的または地政学的状況の差異に還元すべきではないが、もし両者がこのような互いの具体的状況と問題関心とを分かちあっていたならばいかに豊かな対話があったのかを、われわれは問い続けなければならない。

本章で述べられたように、レヴィナスはブーバーの他者論における相互性の閉鎖性を批判したが、それは彼自身の第三者論における、政治に開かれた倫理と、倫理と政治のジレンマという二つの問題を論じるうえで不可欠なプロセスであった。レヴィナス自身の相互性とは、他者との超越的な関係を指すのではなく、複数の他者たちとの社会生活において制度を共有する「市民たち」の関係として規定されていたのである。次の段階では、この制度的主体性に対して、すでに加えられているいくつかの主要な反駁を検討しなければならない。

注

[1] 一九八六年に行われた対話でも彼は「結果として私はブーバーを敬意と注意をもって読んできました。しかし、私は彼に賛同するに至らなかったのです」と述べている（EL, 150）。

[2] たとえばリクールは、他者との承認関係に関する「相互性」を二つに区別している。すなわち、「双務的

(réciproque)」なものと「相互的（mutuelle)」なものである。前者は商取引において双方が物品等を交換することにモデル化されるような関係であるのに対し、後者は互いの人格を認めあうこと、互いに感謝しあうことを含んだ関係である。Paul Ricœur, *Parcours de la reconnaissance. Trois études*, Paris: Seuil, 2004, pp. 342–351.

〔3〕Martin Buber, *Ich und Du*, in *Werke Erster Band: Schriften zur Philosophie*, München: Kösel-Verlag KG, Hiedelberg: Verlag Lambert Schneider GmbH, 1962[1923], p. 105.

〔4〕*Ibid.*, p. 104.

〔5〕*Ibid.*, p. 85.

〔6〕*Ibid.*, p. 88.

〔7〕Philip Wheelwright, "Buber's Philosophical Anthropology", in P.A. Schilpp, M.S. Friedman (eds.), *The Philosophy of Martin Buber*, La Salle IL: Open Court Publishing, 1967, pp. 92–93.

〔8〕レヴィナスがドイツ語で著した「マルティン・ブーバーと認識の理論」に対するブーバーの応答。彼は反対にレヴィナスの倫理が「裸の者に着せ、飢えた者に食べさせ」さえすればよいという形式主義に陥っていると批判している（NP, 45）。これに対しさらに一九六三年三月一一日付の手紙において、レヴィナスは「食べ物を与えたり服を着せたりするという機械的な行為が出会いをなす」のではないと述べる。この最後の手紙に対してブーバーは、明確な返答を行わないまま、一九六五年六月一三日にこの世を去った。

〔9〕この「ユダヤ的物質主義」がいかなる行為の具体性を要求するかについては第二部で扱う。

〔10〕このことについて、山口は次のように述べている。「レヴィナスが出会いの形式主義を主張するのであれば、汝の世界性、具体性、身体性——まさにそれらの確保のために、ブーバーは『我と汝』で神秘主義を展開した——その汝の具体性という、我‐汝関係の核心が、完全に誤解され、見過ごされてしまうのです」。山口一郎『文化を生きる身体——間文化現象学試論』知泉書館、二〇〇四年、一四八‐一五二頁。N・ゴードンはこのことを端的にこう述べている。「われわれの読解によれば、恩恵として他者と関係するためには、「我‐汝」の「我」は能、

動的に「他者へ向かって進み」、受動的に「他者の現前を待つ」のである」。Neve Gordon, "Ethics and the Place of the Other", in P. Atterton, M. Calarco, M. S. Friedman (eds.), *Levinas and Buber: Dialogue and Difference*, op. cit., p. 113.

[11] たとえば、次の論考はブーバー研究の観点からレヴィナスのブーバー批判の難点を正確に指摘しえているが、本章はレヴィナス研究の観点からそれを独自の相互性批判として取り出そうとする。堀川敏寛「レヴィナスとブーバーに見られるユダヤ思想」『日本の神学』四六号、二〇〇七年、七五‐一〇〇頁。

[12] たとえば、ゴードンはレヴィナスの批判の要点を誤解して次のように述べている。「じっさい、ブーバーの神についての教えを考えれば、レヴィナスがブーバーの「我‐汝関係」に対称的で形式的な性格を帰したのは不思議である。「我」と「汝」は明らかに交換可能ではないし、神が「我」と対称的だと考えられているわけでもない」。Neve Gordon, "Ethics and the Place of the Other", in P. Atterton, M. Calarco, M. S. Friedman (eds.), *Levinas and Buber: Dialogue and Difference*, op. cit., p. 104. なお、A・ケリーも同旨。Andrew Kelley, "Reciprocity and the Height of God: A Defense of Buber against Levinas", in P. Atterton, M. Calarco, M. S. Friedman (eds.), *Levinas and Buber: Dialogue and Difference*, op. cit., pp. 226–232.

[13] *Ibid.*, pp. 130–131.

[14] *Ibid.*, p. 170.

[15] Martin Buber, « Die Frage an den Einzelnen », in *Werke Erster Band: Schriften zur Philosophie*, op. cit., p. 244.

[16] アバンスールは、こうしたブーバーの議論をレヴィナスのそれと対置し、「対称性と、そして、和解し合い、自身に閉じこもり、自身を包むような「われわれ」という形で考えられた社会的なものとが浸みこんだ人間学」と形容している。Miguel Abensour, « L'extravagante hypothèse », in *Emmanuel Levinas. Rue Descartes*, n° 19, op. cit., pp. 78–79.

[17] デリダは最も早く、レヴィナスのブーバー批判に注目した論者の一人である。彼によればレヴィナスは、ブー

バーの我‐汝関係がほかの他者たちに対して閉ざされているという秘匿性を批判した（ED, 156）。

［18］ただしここで「生まれる」といっても、レヴィナスの正義論が無から制度を生み出す発生論と解釈されてはならない。この点についてはレヴィナスの「有限責任論」において後述（第三章）。

［19］伊原木は、レヴィナスの第三者論が「現代における宗教的価値の失墜という実態を踏まえたうえで、《罪の赦し》や《隣人愛》といった理想の行き詰まりを説明している」と論じている。伊原木大祐『レヴィナス――犠牲の身体』創文社、二〇一〇年、一六六頁。

［20］Maurice S. Friedman, "Martin Buber and Emmanuel Levinas: An Ethical Query", in P. Atterton, M. Calarco, M. S. Friedman（eds.）, *Levinas and Buber: Dialogue and Difference*, Pittsburgh PA: Duquesne University Press, 2004, pp. 124–125.

［21］Martin Buber, "Anthrobiographical fragments", in P. A. Schilpp, M.S. Friedman（eds.）, *The Philosophy of Martin Buber*, op. cit., pp. 8–10.

［22］Martin Buber, *Ich und Du*, op. cit., p. 89.

［23］高橋浩「ブーバーの共同体論の人間学的・教育学的意義」『国際基督教大学学報I-A 教育研究』二七号、一九八五年、三九頁。

［24］次の箇所を参照のこと。Martin Buber, *Ich und Du*, op. cit., p. 131.

第三章　制度における市民たち
――ヴァール、リクールとともに

本章で検討されるのは、レヴィナスの主要なモチーフの一つである「他者への無限責任」に対して、「制度における有限責任」が有する制度論的意義についてである。

彼のいう責任は、有限な主体を問い直す外部性への、すなわち「無限なもの」への責任であり、享受も、所有も、把握もできない他者に対する主体の応答責任である。主体はこの無限なものに対する責任を自己の権能によって限定することができない。この限定されない責任こそが、「他者への無限責任」である。一方、制度において主体は人格間の「同等性」によって裁かれる。なぜならそこでは、たんに主体が他者と出会うことのみが問題になるのではなく、その外部の人間すなわち「隣人の隣人」が同時に問題となり、これらの他者たちを比較することによって、それらの関係を平準化する視点がもたらされるからである。この視点の下では諸人格は同等であり、その限りでおのおのの責任は制限され比較されることとなる。この同等性は身分の平等をただちに意味するわけではなく、むしろ同一の規範的秩序に内属しているということそのものを指す。主としてレヴィナスの後期思想において主題化される、この制限された責任のあり方を、われわれは「制度における有限責任」と呼ぶ。

従来の研究は、「他者への無限責任」を主として扱うことで、レヴィナスの責任論における「制度における有限責任」の重要性に十分に焦点を当てることが少なかった。それればかりか、後者の議論を指して、「こうした〔責任に関して〕洗練された思考はすべて客観的と称される諸制度の手に委ねられることになる」がゆえに、結局は「凡庸でそのうえ失望させるものである」と非難する向きさえある[1]。だが、後者が正当に扱われなければ、さまざまな責任に関する彼の議論が、制度を無視した非現実的な議論であると解されかねない。そこで前者の意義を確認するためにも、レヴィナスの諸著作の中から、後者の議論を取り出してその位置づけを明確にしなければならない。

制度において責任を制限することとは、言葉を換えれば責任に応じて「帰責（imputation）」の重さを定めることである。これは法学において「罪刑均衡原則（principle of penal proportionality）」と呼ばれ、一般に法規範において犯した行為に応じて主体の帰責を限定する原則である。この原則によって帰責を限定された主体は、その帰責を引き受けることによって法的主体としての身分保証の外へと永久に追放されることを免れることができる。つまりこのことは、当事者たる行為主体がもとの制度へと身分を回復するための条件をなしているのである。われわれは、制度における責任の制限が「自己を気遣うこと（se soucier de soi）」の可能性として、以上のような理路を含んでいるということを明らかにしたい。

第一節　無限責任への批判

レヴィナスの有限責任論を検討する前に、彼の無限責任論が通常いかなる仕方で読解されるかを確認しよう。レヴィナスの無限責任論に対しては、いくつかのよく知られた批判が提出されている。まずはこの責任論への最も早い応答である、ジャン・アンドレ・ヴァールによる「国家の必要性」の指摘を参照しよう。

『全体性と無限』刊行直後の一九六二年一月二七日、講演「超越と高さ」においてレヴィナスは「他者への無限責任」を論じているが、それに加えてこの責任を負った主体が、国家の「階層性」から退却することについても強調している。「国家がそれによって設立され、維持される〈戦争〉、〈管理〉、言い換えれば階層性は、その純粋性において維持するはずであった〔主体としての〕〈同〉を疎外する」（LC, 75）がゆえに、疎外に陥らないためには、この階層性から退却しなければならない。この退却が可能となるのは他者への責任によってのみである（LC, 76）。これこそが国家における、有限な主体性を問い直す他者への「無限責任」である（LC, 83, 88）。つまり他者への「無限責任」を負った主体のみが、国家を成立せしめる階層性から退却しうる。

レヴィナスは『全体性と無限』の結論部分においても、主体と他者の関係が「〈われわれ〉にそっと入りこんでいく」こと、政治が「圧政」と化すこと、「傷を与える体系を拒むエゴイズム」の批判、という論点を提出している（TI, 334-335）。しかし、当該講演においては、そうした論点が引き継がれながらも、「無限責任」と国家の関係がより明確化され、「疎外」や「階層性」からの退却として論じられている[2]。

　ヴァールはここにレヴィナスの国家批判を見て取りつつも、むしろ彼が論じていない国家の「有用性」について注意を促している。講演のあとの討議で彼は次のように問う。「あなたは国家について話しました。国家批判をしたいのは山々であるにもかかわらず、やはり国家の有用性についても感じます。国家がなければ何が起きるでしょうか」(LC, 96)。この問いに対し、レヴィナスは次のように答えている。

> 恐るべき残酷さが存在するのは、それがまさしく〔国家における〕合理的〈秩序〉の必要性から生じているからです。お望みならこう言いましょう。公僕には見えない涙が存在するのです。それは他者の涙です。〔…〕私の見方では、主体性による〔この秩序への〕抗議が好意的に受け入れられるのは、主体性のエゴイズムが聖なるものであるという理由からではなく、自我のみが他者の「秘めたる涙」に気づくことができるからなのです。この涙は、まさに合理的であるような、階層性の機能が流させるのです。(LC, 97–98)

　レヴィナスは、他者に涙を流させ、それに気づいた主体が抗議することができるという理由でのみ国家の必要性を論じている。それはヴァールの指摘するような国家の有用性そのものではなく、「他者の涙」に気づいて国家から退却するための逆説的な意味での国家の必要性である。その後の議論においても彼はA・コジェーヴ、J・イポリット、E・ヴェイユの国家論の重要性を認めつつ、国家における階層性への「抗議」を強調する(LC, 99)。ヴァールの指摘は、むしろそうした「抗議」ないし批判にもかかわらず、なおそれを包括する階層性をもつ国家が必要であることにこそあったのだから、二人の議論はかみあっていないように思われる。

　また、ポール・リクールは論文、「責任の概念――意味分析の試論」（一九九四年）の中で、ヴァールと同じく「無限責任」を制限する必要性について「帰責」という観点から論じている[3]。

> より正確に言えば、エマニュエル・レヴィナスによると内的な裁判権からではなく、他人からこそ、言うなれば道徳的な命令が施行される。他人は道徳性の源泉となることで、命令の源泉そのもののもろさや可傷性に応じた配慮の対象へと昇格する。〔責任の対象の〕位置づけの変化はしたがって反転となる。つまり、ひとはまず他人に責任を負っているからこそ、損害に責任を負うようになるのだ。しかしそれがすべてではない。〔…〕ここで責任の範囲の無際限な拡張について語ることができる。責任ある気遣いの焦点となるような、人間とその環境の未来の可傷性への拡張である。この範囲は、空間的そして時間的に、われわれの諸行為の帰結の概念へと拡張されるのである。[4]問いは次のようになる。われわれの諸行為の責任は、空間そして時間においてどこまで拡張するのか。

　賠償などの責めを主体に負わせること、すなわち「帰責」が拡張することで、「あたかも、責任がその光を遠くへ投げるにしたがってその諸帰結を薄め、恐るべき有害な諸帰結の行為主体あるいは主体たちを把握不能にしてしまうかのようになる」[5]。そして、行為主体の責任は「無際限に」拡がり、「賠償の観念」が不可能となってしまうのである。ここでリクールは、責任と帰責とを区別することでレヴィナスの責任論に対して、主体の帰責の画定の問題を提起している。道徳的な命令が無限であるのだとすれば、制度的な帰責もまた、際限なく拡散してしまうのではないか。帰責を確定するためには、そして帰結をもたらした主体を確定するためには、主体の責任が限定されている必要がある[6]。

一方で、ここでリクールがレヴィナスの責任論を引くことで、責任が「空間的そして時間的に」拡張すると論じうるかは疑問である。本章冒頭で述べたように、「他者への無限責任」は、主体の有限性を開くものであるからこそ無限なのだ。たしかに、この責任は一般的な制度における帰責のように時空間的に特定されうるものではないが、だからといって「無限責任」の意味が時空間的に拡張された帰責にあるというわけではない。

他方、それでもなおリクールがレヴィナスの責任論を引きながら、帰責概念の不十分さに言及している点は注目すべきであろう。リクールの論じるように、道徳的命令とそれに対する責任を伴った制度において、一般的に責任は制度から逸脱した主体への帰責と表裏一体をなしている。つまり制度における責任が限定されなければ、帰責は——責任の無限性に応じて——そのつど無際限でありうる。それに対し、制度における有限責任の範囲で他者と関係する主体は、あくまでその範囲内での帰責を負うにすぎない。このことは制度において主体性を保証すると同時に、制度から逸脱した主体がふたたび制度における主体性を回復することの条件でもある。帰責が限定されない場合、いったん制度から逸脱すれば、ある主体は制度がその地位を保証していた主体性からは無際限に逸脱することになってしまう。このことが無際限のペナルティとしての暴力を生むか、あるいは制度的身分の保証からの永久追放となるかはその制度の性質に依存するであろう。反対に、帰責が限定されれば、制度における主体性からの逸脱はその限りに留まる。つまり、限定された帰責を引き受けることによって、主体が制度の保証する身分へと回復する可能性が生じるのである。

罪人を責めすぎないように帰責を限定せよとする原則、すなわち、制度における「罪刑均衡原則」は伝統的な法学の主題でもある。罪の重さに適した責めを与えよ、という原則自体は、古くはハンムラビ法典の定式「目には目を、歯には歯を」や、ローマ法学のいう「応報刑法（lex talionis）」がよく知られている。罪人の権利にも着目した形での法理論化は、一八世紀の啓蒙主義的刑法学を待たねばならない。西欧における国民国家の成立とともに、法の予測性と法の下の平等とを条件とした均衡原則が一般化する[7]。ここへ至って法は罪と罰の列挙や報復感情の満足のためだけではなく、法的主体性の回復という、責めを負うべき主体の利益を考慮しつつ理論化されることになる。一般的な法規範において、法はそこから逸脱した主体に対し責めを与えるが、法の対象となる主体の帰責を限定することによって、帰責を引き受けた主体が法の身分保証の埒外へと追放されることを免れさせ、制度的主体性を回復させる可能性を生むのである[8]。アーレントがいみじくも論じているように、罪を許すことによって「敗北者を大切にすること」は人間の共同体において最も重要なものの一つである[9]。

歴史的な法制度の発展とは別様に、哲学的に一般化して論じているにせよ、「責任の概念――意味分析の試論」においてリクールが責任概念から帰責概念を区別するのは、一つにはこうした責任の限定について問いを立てるためであった[10]。リクールのように帰責について論じないならば、レヴィナスの責任論は片手落ちである。つまり、無限責任は制度によって制限されないのであれば、帰責が限定できず、近代的法理論の根幹をなす罪刑均衡原則を持ちえない不十分な責任論であることになる。

第二節　制度における有限責任

レヴィナスは、「他者への無限責任」を論じる際に、制度における責任の限定を問わずにいたのであろうか。われわれの考えでは、主としてレヴィナスの後期正義論においてこの論点は正当に主題化されている。彼は人格間の同等性を強調しつつ、責任が制限される場面を積極的に論じているのである。ここにヴァールやリクールの指摘に対する応答が見出されうる。

たとえば『存在の彼方へ』において、レヴィナスは主体と他者との関係における「法、自律性、同等性」を論じている。

> 対格としてある純粋な自己は、社会的上部構造への道程がどんなものであれ、自由より前に責任を負う。この社会的上部構造においては、私と他者との比較を絶する非対称性が――正義において――法、自律性、同等性をふたたび見出すことになる。（AE, 163）

主体は他者のための応答の「対格として」他者への責任を負うが、正義において「法、自律性、同等性」を見出す。すでに述べたように責任は第三者を介した正義の同等性において捉えなおされ、他の諸々の責任と比較されることになる。この平準化された倫理的秩序の中で、各々の責任は外的な観察者の視点から固定され、主体は同等な「市民たち」となり、相互的な責任のネットワークは「普遍的な諸原則」を形成する。そこで諸人格は同時に互いに責任を負う一市民として扱われる。要するに、比較しえない無限責任の複数性によって、それぞれの主体が市民として客観化されることで、制度において比較される、いわば「有限責任」が生まれるのである。この「市民」という語は、責任が生む正義における主体性を表現するためにしばしば用いられる。たとえば同年の対談「哲学、正義、愛」において、レヴィナスは次のように述べている。

> 〈正義〉の秩序がないとしたら、私の責任には制限がないでしょう。正義に端を発する、必要な暴力がある程度存在するのです。さて、正義について語るなら、裁き手を認めなくてはならず、国家とともに諸制度を認めなくてはなりません。対面の秩序のみならず、市民の世界において生きなければならないのです。（EN, 115）

　ここでレヴィナスは先述のヴァールの視点を内面化しつつ、主体の責任を制限することと、そのための「暴力」、そして「裁き手」、「国家」、「諸制度」の必要性を論じ、こうした秩序を、「対面の秩序」ではない「市民の世界」であると考えている。さらに、そのすぐ後の応答において彼は、「市民として」の相互性を、「対面の関係よりも複雑な構造を有する」ものと形容している（EN, 118-119）。このように、レヴィナスは「制度における有限責任」を負った主体性を「市民」と呼び、他者と出会う主体性とは区別していることがわかる。

　レヴィナスは『全体性と無限』においても、主体の自由が実現されるのは「社会的、政治的諸制度」においてでしかありえないとし、人間同士の関係において固定された秩序としての「法の書き込まれた石板」の必要を強調する[11]（TI, 270）。無限責任を強調するあまり、このような制度の必要性に対する視線を忘れてはならない。

さらに、責任を限定し帰責が画定されることで、責任を負う主体は、それ以上の帰責が課されないようにと自己自身を「気遣う」ことができる。レヴィナスは『存在の彼方へ』において、これを次のように述べている。

> たしかに――これは別の主題であるが――、私の万人への責任はまた、責任が制限されることによって現れうるし、現れるはずである。私はこの無制限の責任の名のもとに、自己のことも気遣うように呼びかけられうるのである。私の隣人である他者が、彼もまたその隣人であるような他者との関係において第三者でもあるということが、思考、意識、正義、そして哲学の誕生である。第一の無際限な責任はこの正義の自己の気遣いを正当化するのだが、忘れ去られてしまいうる。この忘却において意識はたんなるエゴイズムである。（AE, 165）

ここで彼は、責任が自己の気遣いを正当化しうることについて論じている。この責任が忘却された場合、自己の気遣いはエゴイズムになってしまうが、反対に言えば、たんなるエゴイズムと自己の気遣いは同一でない。ここに、エゴイズムでない形で自己を気遣う可能性が見出されうる。主体は、隣人である他者のさらに隣人である第三者、「隣人の隣人」の存在によって、責任同士を比較し裁かなければならず、そのことによってそれらを平準化し限定する。無限責任は、この正義の地平において制限されることで、自己への気遣いを正当化する[12]。

さて、この議論は二年後、一九七六年三月五日のソルボンヌ講義（「存在論からの出口としての倫理的関係」）において語りなおされることになる。

> ある社会において、私の万人に対する責任は、制限されることにおいても現れうるし、現れるはずです。人質というこの責任の過剰化は、その過剰において限界をもたらします。自我は無際限の責任の名のもとに、自己を気遣うことへと導かれうるのです。他者もまた彼に対してまた隣人であるような他者に対して第三者であるということ（社会において、われわれは二人ではけっしてなく、少なくとも三人である）、私は隣人と第三者の前にみずからを見出すということによって、私は比較し、考量し、吟味しなければなりません。私は考えなければなりません。したがって、私は意識をもたなければならないのです。知はここに現れます。私は正しくなければなりません。この意識、知、正義の誕生は、同じく愛の知恵としての哲学の誕生でもあります。第一の無際限の責任はこの正義の気遣いを正当化しますが、忘れ去られてしまいます。この忘却において、自己による自己のたんなる所有としての意識が生まれるのです。ある記憶がこの忘却の底に作動しているのです。（DMT, 214）

主体はつねに、「少なくとも三人」いる他者たちと社会的な関係を結んでいるが、その中で「無際限の責任」を受け取ることがある。その際、主体はこの「無際限の責任」を負うばかりでなく、それらを「比較し、考量し、吟味」する。他者への呼びかけに応答するために、主体は「意識を持ち」、我に返って、行為すべき方法を問わねばならないのである。他者への無限責任が制限されることによって有限責任となるといっても、それは無から制度の生まれる様子を描いた発生論ではない。ロランがいみじくも分析するように、レヴィナスのいう主体性は「コギタンス」や「現存在」とは異なり、つねに第三者との社会性を前提とした主体である[13]。「意識」をもった主体は、社会の中で他者と出会い、そして「正義の気遣い」とともに新たに意味づけられた社会へと帰っていく。こうして、社会において主体は責任を制限されるが、その制度に残された「記憶」として無限責任は「作動している」。

　見方を変えれば、社会における無限責任と有限責任の動的な関係は、無限責任による有限責任への「抗議」でもある。ヴァールへの返答をふたたび想起しよう。この記憶が、ふたたび――「他者の涙」を前に――呼び覚まされるとき、それは階層性から退却し、階層性へと「抗議」する責任として働くことになる（LC, 97–98）。社会的秩序にすでに属している主体は、「他者への無限責任」を負うことで、それを問い直すことができる。ここでは言及するにとどめるが、のちにブロッホを参照しつつ詳しく見るように、レヴィナスの責任論は、すでにロゴス的秩序の中にとらわれている主体性が、「隣人の隣人」たちとともに未来へ向かって秩序を更新していく過程を描いたものでもある。

　明らかになったのはリクールと同様にレヴィナスにおいても、制度において責任が限定されることに応じて、政治的に帰責が限定されうるということだ。限定された帰責を引き受けることによって、主体が自己を気遣い、政治においてもとの主体性としての「市民」へと回復する可能性が拓かれる[14]。この問題はレヴィナスの著作においてしばしば扱われる問題であり、政治秩序、司法制度の問題などと形容される。レヴィナスは国家や司法の必要性を軽視しているわけでも、制度内での責任が無制限であると主張しているわけでもない。むしろ、「制度における有限責任」という観点から逆照射することで、レヴィナス責任論の制度論的意義について論じうるのではないだろうか。さらにこのことで、彼の思想において積極的に語られることの多くない「自己への気遣い」という主題を、政治における主体性の条件として考える視座が与えられる。たしかに制度における「自己への気遣い」を、本章が扱った以上にはレヴィナスが主題化しなかったことの意義は大きい。つねにすでに制度の中にある主体性が、どれくらい責任を忘却しているかを述べることは難しいがゆえに、エゴイズムと「自己への気遣い」を区別して論じることは困難である。それほど、「存在への固執《コナトゥス・エッセンディ》」としてのエゴイズムへの傾向性は根源的だということになろう。

また、市民としての主体性、そしてこの主体への帰責の限定という問題は、相互性のもつ別の側面を問題化することにもなるだろう。つまり、相互に責任を負う者はみずからの責任を制限するのみならず、別の政治的主体の帰責を問うこと、すなわち政治的ないし司法的秩序を運用することにもなるのではないか。主体が負うこの倫理とは別の責任、いわば「政治的責任」については、第三部においてデモクラシーの問題として主題化されるであろう。

第一部の議論からわかるように、レヴィナスによれば、政治において主体は複数である。しかし、この主体性が規定されるのはその複数性からでも特異性からでもない。政治的主体はそのどちらにも回収されることのない形で、他者との出会いによって意味づけ直されながら、社会において無数の他者たちの中に投げ込まれている。これがレヴィナスの政治哲学の出発点である。

注

［1］Daniel Sibony, *Don de soi ou partage de soi?: Le drame Lévinas*, op. cit., p. 32.

［2］たとえこの「疎外」が市場経済における生産価値を、この「階層性」が上部構造と下部構造による規定を問題にするのではないとしても、「経済的な問題に端を発する人間主義」に目を向け（TA, 42）、いずれ「マルクス主義に愛がある」（SA, 40）と述べるに至るレヴィナスの問題意識を見て取ることはできるだろう。われわれはこのことについて、第六章第三節において論じる。

［3］Paul Ricœur, « Le concept de responsabilité. Essai d'analyse sémantique », in *Esprit*, novembre 1994, pp. 28-48, also in *Le Juste 1*, Paris: Esprit, 1995, pp. 41-70.

［4］*Ibid*., p. 63.

［5］*Ibid*., pp. 64-65.

［6］M・イェーガーもこの責任概念の「あいまいさ」を指摘する批判に注目し、翻ってリクールの責任概念分析を行っている。Marcel Jaeger, « Du principe de responsabilité au processus de responsabilisation », in *Vie sociale*, n°3, 2009, pp. 71-81.

［7］次の論文集の Francis A. Alien による序文を参照のこと。Jeffrey Fagan, Pranklin E. Zirnring (eds.), *The Changing Borders of Juvenile Justice: Transfer of Adolescents to the Criminal Court*, Chicago: University Of Chicago Press, 2000, p. xi.

［8］この原則を司法の目的論の現在の議論状況において適切に論じた論文、辻脇葉子「応報と修復の関係——コミュニケーション的刑罰論の視座から」『情報コミュニケーション学研究』第三巻、二〇〇七年、三九-六六頁を合わせて参照のこと。また、中村悠人「刑罰の正当化根拠に関する一考察（1）——日本とドイツにおける刑罰理論の展開」『立命館法学』三四一号、二〇一二年、二四四-三二四頁は、C・ロクシン、A・カウフマンの議論を引きながら、相応の刑罰を与えることによる犯罪者の「市民」としての主体性の復帰、あるいは「再社会化」と

いう主題を「積極的一般予防論」の文脈で手際よく整理している。

［9］Hannah Arendt, *The Human Condition*, op. cit, pp. 236-243.

［10］帰責という概念は、リクールの初期著作である『意志的なものと非意志的なもの』（一九五〇年）においてすでに用いられており、『承認の行程』（二〇〇四年）においてすぐれて主題化されている。この点につき、川崎惣一「リクールにおける自己の解釈学」『城西国際大学紀要』第一六巻二号、二〇〇八年、五七-七一頁を参照のこと。

［11］この語は『困難な自由』のエピグラフにも用いられているが、もとはバビロニア・タルムード『アヴォット』篇第六章に由来する。『全体性と無限』ではタルムードの文脈を離れて、「社会的、政治的制度の外で自由は現実化しない」（TI, 269）ことを表現している。

［12］なおこの議論は、一九六四年に行われたフランス語圏ユダヤ知識人会議の内容をもとにしたタルムード講義録「誘惑の誘惑」にすでに表れている。第三者との関係、正義において、「私の万人に対する責任は、限定的なものとしても示されうる――この限定された責任の名において、〈私〉は自己をも気遣うことへと呼びかけられうるのである」（QLT, 108）。

［13］Jacques Rolland, « Subjectivité et an-archie », in J. Rolland (dir.), *Les cahiers de la nuit surveillée n° 3: Emmanuel Lévinas*, Lagrasse: Verdier, 1984, p. 191.

［14］ある論者は、前提となる第三者論解釈や帰責などの法学的問題に立ち入ることはないものの、一見無限責任のみを強調するレヴィナスに抗してこの司法における責任の有限性を重視する。Nathalie Frogneux, « Limiter ma violence », in N. Frogneux, F. Mies (dir.), *Emmanuel Lévinas et l'histoire*, op. cit., pp. 189-191. 本稿の解釈によってこの読解の正当性を示しうるであろう。

第二部　物質性

政治を担いつつその対象となるのは、純粋な観想的主体ではなく、世界内で身体を伴う具体的主体である。レヴィナスによって、具体的主体の生における物質的欠乏は「裸」、「貧しさ」、「苦しみ」などさまざまに表現されるが、それらの中でパンを欠くこととしての「飢え」は一貫して特権的な位置づけを与えられてきた。彼は「食べることは偉大なり」(DL, 10) というタルムードの言い回しを用い、身体をもった主体の存在様態を第一に「糧」の享受として描き出している。あるいはまた、草稿において「はじめに飢えがあった——存在の中の巨大な痙攣のように」(Œ I, 193) という表現が見られる。創世記の冒頭を思わせるこの表現は、彼が根源的な仕方で「飢え」の哲学を構想したということを示している。

こうした意味での物質性は、主体性の条件として新たに読みなおされる必要がある。[1] レヴィナス哲学の条件をなしているのは、この根源的な意味での「飢え」なのではないか。諸主体を前述定的なものとしての物質性において条件づける同時代の試みとしては、たとえばJ＝P・サルトルのいう実存の重さとしての物質的条件論、M・メルロ＝ポンティの根源的身体論、チャン・デュク・タオの唯物論的現象学を挙げることができる。レヴィナスの「飢え」の発想は、これらの思想との接点を探ることができるのではないか。[2]

同様に、他者もまた飢えている。レヴィナスによって、食べ物に飢えた他者の呼びかけは、象徴的な倫理的命令として描かれる。『全体性と無限』から一例を引こう。

「人間に食べるものを与えないでいることは、いかなる状況においても軽減することのでない過ちである。それが恣意的であろうがなかろうが区別は設けられない」とラビ・ヨハナンは述べる。人間の飢えを前に、責任はもっぱら「客観的に」測られる。責任は否定しえない。顔は、最初の言葉がいかなる「内部性」によっても逃れることができない強制であるような、根源的言説を開く。言説に入るよう強いる言説であり、合理主義が切に求める言説の開始であり、「聞くことを欲しない人々」でさえ説得し、そして理性の真の普遍性を打ち立てる「力」である。[3]（TI, 219-220）

一見奇妙なことに、レヴィナスはここで、飢えた他者の顔は言説を開く言説であると述べている。この表現は、飢えた他者の顔が声ならぬ声を発していることで、それを聞き取った主体が否応なく言葉をかけてしまうという単純な説明で事足りるわけではない。呼びかけられた主体は、たんに言葉を返すことだけではなく「パンを与える」という具体的応答を求められている。この応答の命令は強力で、主体が「口に入れようとしているパン」を口から引きはがして与えるように命じるほどである（AE, 71）。すでに見たように、レヴィナスはこのような倫理的関係を「物質主義」と形容しており、応答の言語性と物質性とが二重化されていた（HS, 31）。つまり、倫理は物質的条件をもつ諸存在、「飢える」諸存在の間で生じるのであり、倫理的応答は、既存の秩序を乗り越えて新たな秩序の端緒となる一方で、具体的な行為でもある。[4] 責任を比較することとしての政治の問題もまた、抽象的な仕方でのみ考えるべきではなく、市民たちの物質的欠乏を満たすこと、「パンを分けあうこと」として、実践的な仕方で考察すべきである。[5]

こうした他者の「飢え」の問題は、レヴィナスの他者論において二つの領域にまたがっている。第一に、時間の領域である。すでに見たように、レヴィナスのいう他者の呼びかけは、主体の属する言語体系、倫理などのあらゆる秩序の枠内に収めることができない特異なものであるがゆえに、そうした秩序を不可避的に問い直すことになる。この点で他者は主体にとって既存の方法で、その限界を規定することのできない無条件で無限なものであり、主体の「現在」から逃れる「隔時的な」ものだ。そうだとすれば問題は、他者の隔時性と、他者が主体と「飢え」をともに分かちもつことの共時性とがいかにして両立しうるかである。

それは、他者の飢えが差し迫っていること、すなわち「切迫」が与えられる時間の問題である。主体が飢えを切迫したものと捉えうるのは、飢えには、ある特殊な仕方で「時間がない」からである。しかし同時に、応答がどうみても「手遅れでない」ということもまた、この切迫の条件をなしている。他者への応答が可能となる時間的条件は、主体もしくは他者の死によって関係が破綻してしまっていないことにある。この死の未到来性は、他者に応答するための「未来」として再解釈されることになる。飢えに応答しうるためには、十分な時間はないけれども、別の仕方ではまだ時間があるという二重の時間性が必要であることになる。

第二に、身体の領域である。飢えた他者が、すでに引かれた境界線を乗り越えて主体に呼びかけてくるとすれば、そのとき他者を隔たったものとして規定する伝統的な諸規定——空間性、内在性、人間性——には、新たな意味が与えられなければならない。ある身体が飢えているとはいかなる事態か。いかにして飢えはパンを求めるのか。パンは誰によって、いかにして分配されるのか。ここにおいて、レヴィナスのいう「物質主義」の具体的かつ身体的な意味が考察される。

これらの二つの観点から他者の「飢え」を論じることで、倫理学と政治哲学における諸主体の物質性という条件が明らかとなるであろう。古くから「パンと見世物」、「パンと一七九三年憲法」などと標語化されてきたように、「パン」は政治的要求において最も欠かせないもの、生活必需品の象徴であった。[6] 第三者——「隣人の隣人」としての第三者——に媒介される比較の問いもまた、「いかにパンを分けあうか」という実践的な問いとしてふたたび提起されなければならないのである。

注

［1］K・ノヴォトニーは、レヴィナス思想における主体の身体的条件の重要性を指摘し、その位置づけを行っているが、この身体的条件は彼のいうように後期において論じられなくなるわけではない。Karel Novotny, « Corps et affectivité dans *Autrement qu'être ou au-delà de l'essence*. Transformations des concepts de la matérialité du corps », in A. Schnell, D. Cohen-Levinas (dir.), *Relire* Autrement qu'être ou au-delà de l'essence *d'Emmanuel Levinas*, Paris: Vrin, 2016, pp. 121-133.

［2］じっさい、レヴィナスはある対話においてメルロ＝ポンティのいう「世界の肉」の物質性を指して「それは素晴らしい定式です。実在はその文脈が発見されたときに重さをもつということこそ、現象学のメッセージにほかなりません」とし、彼を「事物の豊かさ」を論じえた哲学者として評価している（EEEL, 138-148）。

［3］プラトンの『国家』において、議論に加わらずに沈黙しようとするトラシュマコスがソクラテスとの問答の中でいつのまにか口を開いていたことを、レヴィナスはたびたび取り上げて言語の「力」であると述べる。この点については、以下の論考が詳しい。谷口博史「『国家』の余白に——ブランショ、レヴィナス、エリック・ヴェイユ」『人文学報』三一三号、二〇〇〇年、一二三-七九頁。

［4］伊原木のいうように、レヴィナス倫理学は「自己暴露の受動性」を前提としており、この意味でつねに「身体論的連関」が重視される。伊原木大祐『レヴィナス――犠牲の身体』創文社、二〇一〇年、一八四-一八五頁。これは米虫が次の論考で指摘するところの、「現象学的具体性」の問題でもある。米虫正巳「身体化の出来事としての生」『人文論究』五四巻三号、二〇〇四年、三七-五六頁を参照のこと。

［5］M・クレポンは「レヴィナスの著作において、飢えの問題はつねに現れている」と述べている。彼はこの問題を世界市民的思考ないし「居住可能な」世界のための人間的思考の対象として扱っている。Marc Crépon, *Le consentement meurtrier*, Paris: Cerf, 2012, p. 117.

［6］アバンスールによれば、この標語はもう一つの政治的要求がパンと同等に根本的であることを主張している。「憲法とパンの要求を結びつけることによって人民が行ったのは、一七九三年憲法が彼らに認めた蜂起への権利をなによりも要求することにほかならないのではないか」。Miguel Abensour, *La Démocratie contre l'État. Marx et le moment machiavelien*, Paris: Félin, 2012, p. 31.

第四章　飢えの切迫と死への時間

——フランクとともに

レヴィナス政治哲学の実践的性格を問うための予備的な問題として、彼の倫理学における「物質主義」の位置づけを問わなければならない。他者が現前不可能なのであれば、「パンを分けあう」ことはできないのではないか。既存のあらゆる秩序を乗り越える「無条件な」他者が、「飢えている」という条件のもとに存在しうるとすれば、それは不合理なのではないか。あるいは、倫理的応答は飢えた者にパンを与えよという——『イザヤ書』の教えのような——道徳的規範に回収されてしまうのだろうか。

ディディエ・フランクは『他者のための一者』（二〇〇八年）において、レヴィナスの後期思想を主に参照しつつ、こうした倫理的な意味での「物質主義」の正当性を疑問視する。フランクによれば、レヴィナス倫理学の骨子は他者の無限性と無条件性にこそあり、他者が飢えから演繹されるようなことがあってはならない。無限な他者はつねに主体の知的理解を逃れて自己を差異化するものであり、主体が同じ時空間に居合わせることのできないものであり、この意味で他者は現前しない。主体は他者の呼びかけに事後的にしか応えることができず、応答は他者の痕跡を前にしかなされえない。他者と主体とのこのずれを介した関係性、すなわち「隔時性（diachronie）」は、「飢え」を分けあう共有関係の「共時性」とは相容れないことになる。[1] 共時性を認めてしまえば、レヴィナス倫理学は、飢えに応答すべしという「道徳的格言」に還元されてしまう。[2] このようにして、彼はレヴィナスにおいて言語論・意味論と身体論との分離を強調する。

　後で見るように、フランクの指摘は正当であり、レヴィナスは「隔時性」という論点によって倫理の起源を他者の現前ではなく、現前の不可能性としての痕跡へと移動させ、そのことで起源性自体の問い直しを行っている。とはいえ彼のいうように言語論においてのみレヴィナス哲学の意味を見出すとすれば、彼の構想した倫理の身体論、感性論、あるいは物質主義に関わる側面は具体性を失ってしまう。

　そこで本章第一節は、この「共時性」と「隔時性」の問題について、「切迫」という時間性から論じる。レヴィナスによれば、他者の物質的欠乏、すなわち「飢え」は、「切迫（imminence, urgence）」という時間性において与えられる。それは言語論へも「道徳的格言」へも回収されえない、「今ここ」にいる主体によって応答されるべき痕跡の時間性である。この時間性によって、他者との「隔時性」が、すでに過ぎ去ったものとしての「共時性」を意味していることが示される。ここに、物質的な倫理的応答の可能性が拓かれるのである。

　次に第二節では、この「切迫」が、死の〈いまだない〉という時間性において与えられることが論じられる。飢えが切迫しているのは、その果てに死が訪れうるからであるが、同時に、死がいまだ訪れていないからでもある。この死の未到来性によって、倫理的応答は、未来への行為可能性の中に見出されうるのである。

これらの議論を通して、われわれはフランクの問いに応えながら、レヴィナスのいう物質主義の時間性とその正当性について論じる。

第一節　飢えの切迫と〈われここに〉

飢えの「切迫」を介した他者との関係を述べる前に、『全体性と無限』以降の、レヴィナスのいわゆる後期思想における他者論の基本線を確認することから始めよう。強調されるのは、「痕跡」しか残さない他者との隔時性である。まずは、その強調点の移動のきっかけの一つをなす、デリダのレヴィナス論「暴力と形而上学」が問題とする点を確認する。

「暴力と形而上学」において、デリダはレヴィナスの『全体性と無限』における、他者の「外部性」とその現前に関する筋立てを批判する。デリダによれば、レヴィナスの他者論はギリシア――アリストテレス、パルメニデス――に端を発するヘレニズム的哲学と西洋哲学の「外部」を思考しようとするものである。この「外部」は、内部と外部という空間的な対立概念とは無関係に、「現前」という仕方で現れる。それは思考の有限性を問いに付し、外へと、新たな可能性へと開くものであり、これまで用いられてきた哲学的言語とは根本的に異なると主張されている。

にもかかわらず、外部性をそのように論じるには、従来の哲学的言語を哲学的に批判しなければならない。じつは、レヴィナスが同一性の哲学として批判する者たち――ヘーゲル、ニーチェ、フッサール、ハイデガー――もやはり、それぞれこのような哲学的言語による哲学史の再開という企図をもって思想を展開してきた。西洋哲学の「外部」にあるはずの他者は、哲学的言語によって正当化されることで、否応なく哲学の「内部」——空間的連関——へと巻き込まれる。そうでなければ端的に、哲学的言語によって語りえない。

> なぜ、なお（代数のxでない意味を有するならば、空間と光をいまだに示唆する語であるのに）「外部性」という語を非空間的連関を意味するために使用しなければならないのか。そしてあらゆる「連関」が空間的だとすれば、なぜなお〈他〉を解放する敬意を「連関」として指し示さなければならないのか。〔…〕全体性の言語において、全体性に対する無限の過剰さを述べなければならず、〈同〉の言語で〈他〉を語らなければならず、非外部性として、言い換えれば〈内－外〉の構造と空間的隠喩を介して、真の外部性を考えなければならず、崩れ去った隠喩に住み続け、伝統の端切れと悪魔の古着をまとわなければならないということ。それはおそらく、第一に〈内－外〉の構造に運び込まれずにすむ哲学的ロゴスが存在しないということを意味している。（ED, 165）

無限性と有限性、他性と同一性、外部と内部といった不可避の連関は、したがって、「おそらく哲学、言語、（哲学的言説以外の言説があるとすれば）哲学的言説においては、肯定的無限性という主題と（身体、眼差し、発語、思考の非隠喩的統一である）顔という主題を同時に救い出すことはできないことを示している」（ED, 169-170）。西洋哲学の外部として現前するものである限り、他者を哲学的言語によって思考することは不可能である。

こうした他者の現前不可能性という主題は一方で、デリダも参照している通り、「痕跡」をめぐってレヴィナス自身によって展開されてもいる。デリダによれば、レヴィナスは「他者の痕跡」（一九六三年）において、現在に回収されない「過去」について論じているのである。「（過ぎ去った）現在という形ではその意味が思考されえないであろう過去の観念は、哲学一般に対してだけでなく、哲学の外へと一歩踏み出そうとする存在の思考に対してさえ、不可能‐思考不能‐言明不能なものである」（ED, 194）。ここでレヴィナスは、外部性が現れる仕方としての「現在」や「現前」ではなく、「過去」を考えようとしている。

　こうしたデリダの批判などを受けて、一〇年後の著作においてさらに、この他者の過ぎ去りについての議論は精緻化されることになる。『存在の彼方へ』でレヴィナスはむしろ、他者の現前ではなく「痕跡」、「現前不可能性」、「記憶不能なもの」について論じている。またそれに伴って、主体の応答もやはり他者への「遅れ」、「負債」、「応答不可能性」から語られ、他者と主体との間のあらゆる共時性の不可能性、すなわち「隔時性」こそが両者の関係なき関係の様相であることになる。

> 記憶不能なものとは〔…〕時間の散逸を現在へと集約することの不可能性であり、時間の乗り越えられない隔時性であり、〈語られたこと〉の彼方である。[3] 記憶不能なものを規定するのが隔時性であって、隔時性を構成するのは記憶力の弱さではない。（AE, 48-49）

痕跡とは記憶不能なものへの隔時性、現前の不可能性を指し示す。主体は応答するが、この痕跡の前に挫折し、その声は無為にこだまする反響となる。倫理的主体は、誰よりも責められるべき者として選ばれた主体であり、この選びを肩代わりしてもらうことも、なかったことにすることもできない。この責任を負う主体性のことをレヴィナスは、「苦しむ義人」、避けがたき自称としての「メシア」と呼んではばからない[4]。それは、いかなる意味でも強さ、能動性、自由、支配をもって行為するのではなく、弱さ、受動性、強制によって応答させられる主体である。見えない神に呼びかけられたアブラハムのように、主体は痕跡に向かって「われここに（Me voici）」と応答する（e. g. AE, 145）。

ここで、われわれはさらにその先を問わなければならない。他者は主体性を問い質すことで新たな主体性の「別の仕方」である、「他者のために」へと導くが、この「われ（Me）」が生起するのは、痕跡に対する共時性としての現在なのではないか。〈われここに〉が発せられる場、「ここ（-ci）」という接尾語によって発話される場所は、責任の生じる「今ここ」ではないか。それは、自分が応答していることにすら気づかないような、受動性の中の受動性の「今ここ」ではないか。そうだとすれば、他者はこの応答という反響を得てふたたび間接的に生起する。いうなれば、自称としてのメシアニズムとは、応答する主体による「現前」の証言であることになる。この「今ここ」は、デリダにふたたび問い直されなければならない。「今ここ」の現在は、哲学的言説によって語りえない、空間的連関の外を、ひそかに指し示しているのではないか。

しかしこの〈われここに〉とは、あくまで現前の「証言」であって、「今ここ」そのものではない。それは痕跡と同じく、〈われ〉のものとしては不可能な〈ここ〉、現在化不可能な現在である。なぜなら、この〈われ〉はそのとき他者に呼びかけられる者であり、他者の求めるがままに中断した主体性であり、解体した主体性である。この主体は、主体化、現在化の可能性と不可能性の両義性を伴っている。したがって、この〈われここに〉は、主体に何らかの権能を与えるものではなく、その後になされるべき応答もやはり、いかなる意味でも正当化されることはない[5]。応答は、限りない曖昧さ、現在化できない現在の中で生起するのである。そして、この困難な時間性としての〈われここに〉に対して、他者の「痕跡」は、いわば現前の不可能性として現前する[6]。ここに、「切迫」が「芽吹く」ことになる。

> 切迫とは、中立性において一つのたんなる可能性を指すのではない。苦痛としての切迫は幸福と享受としての生きられた感性において芽吹く。たとえ〈他者のために〉が〈自己に反して〉であるとしても、この〈自己に反して〉が帰結のたんなる受動性であるとしても、ある意味で受苦よりも控えめなものが受苦する主体の唯一性に関わるとしても、〈私〉が確立され、満たされ、定立される享受の中で、〈自己に反して〉は芽吹くからである。（AE, 71）

すでに世界内に身体をもって生き、糧を享受している感性において生じる「切迫」は、主体の〈他者のために〉もしくは〈自己に反して〉とともに生み出される。今まさにみずからの存在が脅かされるほどの物質的欠乏にある者の近くにいる場合、知的把握による判断の繰り延べは禁じられる。別様に言えばそれは、規範倫理のようにあれかこれかを選ばせるのではなく、その選択可能性の手前で、選択の余地なく応答を迫ることである。たとえこの「近さ」がその隔たりを乗り越えることができない「遠さ」であるとしても、その飢えが本当は空虚なものであったとしても、主体による応答が無為なものであるとしても、それにもかかわらず――自分の満腹のまどろみを破って――行為せざるをえないということが「切迫」である。

主体性の存続、存在への固執を断ち切ってまで、主体は〈他者のために〉という「存在とは別の仕方」を引き受けつつ、ふたたび行為する自己性へと回帰する。これこそ、みずから「口に入れようとしているパン」を口から引きはがして与えるという表現が意味するものである。レヴィナス倫理学がいわば現前なき現前性を〈われここに〉の条件として留保していたとすれば、たんなる言語論にも道徳的格言にも回収しない形で、この飢えた他者の切迫を倫理において位置づけるため、あるいは倫理を切迫において位置づけるためだったのではないだろうか[7]。

したがって当初の関心であった、他者の隔時性と物質主義の共時性との関係とは、後者が前者を証しだてることとして、あるいは前者が後者を条件づけることとして位置づけることができる。

第二節　死への時間における応答可能性

未到来の死

われわれはレヴィナスの議論を通して、他者の飢えが主体の応答を導く仕方を「切迫」と規定したが、この飢えの「切迫」は身体への究極的な暴力、すなわち「死」の可能性と関わっている。以下では、切迫がさらに、死の未到来性としての〈いまだない〉という時間性において生起することについて論じてゆこう[8]。

死にうる他者は、私の責任を「切迫したものとして」喚起する（TI, 195）。飢えが切迫しているのは、たんにその場で苦しいのみならず、その苦痛の果てに存在を奪われる、すなわち死ぬ可能性があるからである。無論、死ぬほどでもない物質的欠乏もあろうが、他者の物質的欠乏は、彼が具体的生において可死的であることを指し示す。そうだとすれば他者の〈汝殺すなかれ〉という呼びかけは、死の現前可能性を条件として、他者を殺さないように行為せよという命令であると言うことができよう。

つまり「切迫」は、主体と他者が各々の仕方で有する死までの時間、すなわち死の「いまだない（pas encore）」という時間において現れる。『全体性と無限』において、時間とは死が未到来であることと定義される。いずれは死が到来することが脅威をもたらすとしても、現時点での死はいまだ現実化していないし確実でもない。「切迫は脅威であり、同時に繰り延べでもある」（TI, 261）。だからこそ主体の時間は「死への存在」のみならず、死に対する〈いまだない〉の存在様相でもある。

> まさしく時間とは死すべき存在――暴力に供される存在――の実存のすべてが死への存在にすぎないわけではないということである。むしろ、死に抗して存在する一つの様式としての〈いまだない〉、つまり無常にも死が近づく只中で死から退くことこそが、時間にほかならない。（TI, 248）

それは「弛緩（détente）」、「ゆるみ（distention）」、「繰り延べ（ajournement）」と呼ばれ、「その繰り延べが存在することによって、いまだ何も決定的ではなく、何も消尽されていない」（TI, 248）。ハイデガーにおいては、本来的につねに死への不安にさいなまれる現存在が、死への張りつめた時間性の中で規定されるが、レヴィナスは彼の議論とは反対に、死まではつねにまだ時間があること、主体の死がいまだ確実ではないということを強調する。たしかに、ハイデガーの述べるように、この繰り延べられた死はいつかはわからないが、いずれ「到来する」ものとして主体を怖れさせもする。しかしそれは「確実性（Gewissheit）」によってではなく、不確実性によってである[9]。主体の把握不可能なもの、時間内に現れることのないものこそが死の固有の本質をなしている。したがって、この自分固有の死との関係による怖れとは、存在と無という二者択一の「どちらの項にも算入されないカテゴリー」である（TI, 259）。「死がいつやってくるかを、ひとは知らない。何が到来するのか。死は何によって私を脅かすのだろうか。死が無であることによってなのか、あるいは再開であることによってなのか。私にはわからない。私の死後を認識するのがこのように不可能であることのうちに、最期の瞬間の本質はある。死の瞬間をつかむことは、私には絶対にできない」。この意味で「最期は隠されている（ultima latet）」（TI, 261）。

　しかし、このいつ来るかわからないがまだ来ていない時間としての〈いまだない〉は、倫理的応答のために用いることができる。「〈他者〉のために存在する時間が意志には残されている。そのことで意志は、その死にもかかわらず存在する意味を、ふたたび見出すことになる」（TI, 263）。死までの時間はこのように他者への応答のための時間の可能性をも開く。一方で応答への呼びかけは差し迫ったものであるものの「手遅れ」ではなく、応答が実現するためにはまだ余裕が残されているということにもなる。

　つまり切迫は、他者がいまにも死んでしまうかもしれないという時間のなさを示すとともに、まだ応答するための時間が死の到来まで残っているということをも示している。この死までの時間は、前節で述べられた〈われここに〉が可能となる条件でもある。言い換えれば、主体と他者とは、この死の〈いまだない〉の時間をともに生きているからこそ切迫を介して関係することができる。死への時間は主体にとって、〈他者のために〉という「存在とは別の仕方で」を介した新たな存在様相の可能性の条件をなしているのである。

他者のために死ぬほど苦しむこと

以上のような筋立ては、一九七五年から一九七六年のソルボンヌ講義録『神・死・時間』（一九九三年）でも引き継がれているが、この講義においては、よりはっきりと死の可能性の共有と、死を介した結びつきが示されている。

講義のはじめに、他者の「死」は「応答がないこと」、「存在が無になっていくこと」と規定される。いかに物質として残存していようが、他者の様相はそこからは消えてしまう。死とは存在に対立する意味での無そのものではなく、無になっていく過程である。他方、主体の死はつねに未到来である。誰かの死を死ぬことはできない——他者の代わりに死地に赴くことはできても、「他者から彼の死を取り去ること[10]（dem Anderen sein Sterben abnehmen）はできない」（DMT, 49）——のだから、他者の死と主体の死とは入れ替わることができない。他者の死から、真の意味で主体の死を理解することはできない。主体の特権的な「死」は生において経験も予期もできず、志向性に与えられることはなく、生の最期の瞬間まで「確実性」をもたない。この意味で、主体とはハイデガーのいう「死への存在（Sein zum Tode）」ではなく、つねに「きっと来る、しかしいまだない」ものである死までの時間を生きる存在である（DMT, 16）。やはりこの講義でも、まだ死まで時間があるという意味での〈いまだない〉が扱われている。

では、この主体と他者の死はいかにして結びつくのか。主体が自分の生において、接近不能な他者の死を受け止めるのはいかにしてか。レヴィナスはこのことを「転移（transfert）」という語を用いて説明する。

> 言語が死と名付けるもの——そして誰かの終期と考えられるもの——はまた、自己自身に転移可能な出来事性でもあることになります。転移は機構的なものではないが、〈自我〉自身の筋立てないし錯綜に属しており、私自身の持続の糸を切ったり、この糸に結び目を作ったりするものなのです。それはあたかも、自我の持続する時間が長く続くかのようです。（DMT, 28）

レヴィナスによれば、誰かの死は主体へと転移することで、主体の時間的持続を切り、そして繋げる——あるいは「生き残る」——ことができる。他者の死は、主体の生において受け取られるのである。この転移は他者のために「死ぬほど苦しむこと」、さらには、他者に対する責任を負うことをも可能にする。

> 共感と共苦、他者のために苦しむ、あるいは「死ぬほど苦しむこと（mourir mille morts）」は、他人へのより根本的な身代わりの可能性の条件となります。あたかも罪があるかのように、他人の不幸と終期を支えることにおける、他人への責任なのです。これは究極の近さです。罪あるものとして生き残ること。この意味で、他人のための犠牲が、他人の死に伴って異なる連関を創り出すことに

なります。それは、おそらくひとがそのために死ぬことができるような責任です。（DMT, 49）

死にゆく他者に対して、共感と共苦の中にある主体、つまりその近さと隔たりにおいて苦しむ主体は、罪あるものとして生き残る。そして、主体はこのようにして手にした時間を、他者のために費やすことができる。主体は、死にゆく他者のために死ぬことができるようになる。この意味で「死は他者への責任となる」（DMT, 52-53）。この死は時間を論じる「起点」であり、切迫かつ〈いまだない〉としての時間とは「死ぬ存在の存在様相」である（DMT, 53-54）。

たしかにレヴィナスは基本的に、他者を自己と同一化するような感情移入の筋立てを認めていない。あるときはこの意味での「転移に反対して」いるとさえ述べている（SA, 63）。しかしなお、〈いまだない〉の時間における他者の切迫は転移のごとく、共有する物質的欠如を通して主体に呼びかける。このようにして他者は主体に対して「パンを求める」のである。[11]

レヴィナスは、時間内において死ぬ存在であるということを、他者の死の可能性、そして同時に主体の責任の可能性の条件として規定している。フランクのレヴィナス読解が十分に扱いきれなかったのはこの時間性である。物質的欠乏としての「飢え」は、このような時間的条件によって支えられている。いわば、他者の飢えに対して「近づくこと」とは、「共時化不能な隔時性」なのだが（AE, 119）、この飢えがもたらした「切迫」は主体自身の時間――〈われここに〉とそれを条件づける〈いまだない〉という時間――において受け取ることができるのである。本章の論点を政治の問いに引き戻して考えるならば、パンを分配することとしての政治が可能となるためには、政治的主体は、世界内で死にゆく主体として、つねに飢えつつある主体として存在するという前提を共有していなければならない。レヴィナスは閉鎖的な倫理から直接導かれた政治を拒否するのと同じように、理論的な方向へ偏った倫理とそれに基礎づけられる政治とを拒むが、この実践的な志向もここから理解できよう。端的に言えば、政治を行い、政治の対象となるのは、飢えて死ぬ者たちなのである。

さて、レヴィナスは続くソルボンヌ講義において、アリストテレス、カント、ヘーゲル、ハイデガー、E・フィンクの哲学における死の議論を、無との関係において論じていくが、それらの西洋哲学、主体性の哲学、存在論的思考とは別様の思考をとりわけブロッホにおいて見出すことになる。レヴィナスは、ブロッホの〈いまだない〉の時間としての未来概念を、たんなる偶然性でしかないH・ベルクソンの「未来」と対比しつつ、ユートピアの時間性としての未規定な未来として解釈しようとする。この議論は、時間を他者への具体的応答のために意味づけ直すレヴィナスの時間論と同様の枠組みを有している。次章で検討されるのは、未来へと向かう時間性における、レヴィナスとブロッホの近接性である。

注

[1] Didier Franck, *L'un-pour-l'autre. Levinas et la signification*, op. cit., p. 64.

[2] *Ibid.*, p. 65.

[3] 「語られたこと（Dit）」とは発話的関係、つまり他者との関係における特権的な「語ること（Dire）」に対して事

後的に働くロゴス的秩序のことを指す。第一章第一節を参照のこと。

［4］「メシアとは、苦しむ義人であり、彼は他者たちの苦しみを背負うということをわれわれはここまで見てきました。結局、他者たちの苦しみを背負うのは、〈私〉という存在のほかに誰がいるというのでしょうか」（DL, 138–139）。

［5］この〈他者のために〉が主体性と識別不可能であるがゆえに、「他者への献身」は他者を通した「ナルシシズム」と結びついてしまうのではないかとするA・バディウの指摘は正当であるが、おそらく彼の意図した批判として成立しえない。なぜなら、この「献身」は正当化不可能だからである。Alain Badiou, *L'éthique: Essai sur la conscience du Mal*, Caen: Nous, 2003[1998], pp. 34–40.

［6］J・ロゴザンスキはレヴィナスの現象学的読解を強調して「他者」と「同の中の他」との差異化の不可能性という難点を指摘するが、それは彼の読解がこうした意味での現前性を認めないことに由来していると考えられる。レヴィナスの議論はたしかにデリダの指摘を受けて複雑化しているものの、切迫の根拠としての痕跡の現前性まで否定するわけではない。次の議論を参照のこと。Jacob Rogozinski, « De la caresse à la blessure: Outrance de Levinas », in *Les Temps modernes*, n° 664, mars 2011, pp. 119–136.

［7］セバーはデリダとレヴィナスの「生き残り」、「亡霊性」、「証言」という議論を介してこの論点を浮かび上がらせている。彼は切迫を他者の物質的欠乏に基礎づけないものの、この論点をデリダとレヴィナスの「懸念（inquiétude）」の交叉であると考えている。F.-D. Sebbah, « L'écart et la proximité: Levinas / Derrida », in O. Ombrosi, R. Zagury-Orly（eds.）, *Derrida-Levinas: An Alliance Awaiting The Political*, *Philosophy*, n° 30, Sesto San Giovanni: Mimesis Edizioni, 2019, pp. 25–44.

［8］R・A・コーヘンによれば、他者は今まさに苦しんでいる存在であり、「優先性と緊急性」を有するが、彼の死は繰り延べられ、未到来である。コーヘンはこの「未来性（futurity）」において、レヴィナスの死概念をハイデガーのそれと対置する。Richard A. Cohen, *Levinasian Meditations: Ethics, Philosophy, and Religion,*

Pittsburgh, PA: Duquesne University Press, 2010, pp. 61-79.

［9］ハイデガーは『存在と時間』（一九二七年）の第五二節において、日常の世間話で語られる「いずれきっと来る、しかしいまだない」ものとしての「死」の理解を、死の確実性そのものから気をそらそうとする隠蔽的な理解であると論じている。Martin Heidegger, *Sein und Zeit*, Tübingen: Max Niemeyer Verlag, 1967[1927], pp. 255-260. レヴィナスはむしろこの日常的な死の理解にこそ、他者のための一者の時間性を見出そうとする。

［10］ハイデガーは sterben を「命を落とすこと（ableben）」、「（動物が）生を終えること（verenden）」とは区別し、「死に向かってあること」という意味において用いている。Martin Heidegger, *Sein und Zeit*, op.cit., pp. 237-241. レヴィナスもこのことを踏まえてこの一節をドイツ語で参照しているのであろう。ただし、ハイデガーがこの言葉を、他者の死からみずからの死を理解することができないという意味で用いるのに対し、レヴィナスはむしろ、他者の死を代理することができないという意味で用いようとする。

［11］伊原木によれば、レヴィナスの中で共感論は一見消極的に扱われているが、後期になって、主体の「無益な苦しみ」は他者の苦しみへと通じる点で価値を有すると述べられており、ここに共感論との接点がある。伊原木大祐「レヴィナス的倫理と共感の問い」『基盤教育センター紀要』二七号、二〇一六年、一－一八頁。

第五章　よりよいものへ向かうユートピア的時間性

――ブロッホとともに

レヴィナスによれば、主体に呼びかける他者の飢えは、死までの時間としての〈いまだない〉において切迫している。呼びかけられた主体は、〈われここに〉を起点として他者へと応答し、他者を飢えさせないように「パン」を与えなければならない。言葉を換えれば、飢えは過去から現在に向かって働きかけるが、それに対する応答は現在から未来に向かって行われなければならない。これが飢えの時間性である。

同様の筋立ては、レヴィナスのエルンスト・ブロッホ（一八八五―一九七七年）論においても現れている。それは、「悲惨」を前にして〈いまだない〉へと行為することの「人間主義」として表現される。[1]ブロッホは、彼の主著である『希望の原理』（第一巻一九五四年、第二巻一九五五年、第三巻一九五九年）において独自の仕方で、未到来なものとしての〈いまだない〉を志向する「具体的ユートピア」論を提出している。[2]世界の悲惨な状況を前にして、未来において真に新しいものとしての「よりよいもの」へと向かって行為することのユートピア性を主張しているのである。[3]レヴィナスは、自説の主張のために、ブロッホをやや強引に――彼のいう存在論を倫理学として――読み替えているが、それを差し引いても両者の近接性は明らかである。本章ではこの近接性を、「いまだない」、「よりよいもの」、「ユートピア」という諸概念によって示そうとする。さらに後でみるように、これらの諸概念はレヴィナスの政治哲学、とりわけデモクラシー論を扱ううえで欠かせない要素をなしているがゆえに、われわれにとって重要である。

さて、以上の課題のために、ブロッホとレヴィナスの関係を扱った二つの研究成果と本章の関係をあらかじめ明確にしておきたい。一つはアバンスールによる「ユートピアを別様に思考する」（一九九一年）であり、いま一つはレイによる「ユートピアと死」（二〇一二年）である。第一の研究において著者は、ブロッホによる存在論の内在性を強調することで、レヴィナス倫理学と対置する[4]。これに対して、第二の研究の著者は、レヴィナスは、あえてブロッホの存在論の人間主義的理解を、ハイデガーの存在論――「死への存在」の存在論――の転覆として積極的に解釈したのだと論じている[5]。ただしレイはレヴィナスがブロッホ哲学の「倫理的な」一面のみを恣意的に取り出しているとし、ブロッホのユートピア論をレヴィナスに対置する。われわれは以上の研究を踏まえつつ、第二の研究に留保を加える。つまり、レヴィナスはブロッホを倫理的に解することで、ブロッホの「具体的ユートピア」論とむしろ接近するということを明らかにしてゆく。

第一節　〈いまだない〉の未来

レヴィナスがブロッホについて主題化するのは一九七六年以降である。一見それまで両者の接点はごく乏しいにもかかわらず、レヴィナスがブロッホを論じ始めたのには時代的な理由もある。フランスでは一九六〇年代まで断片的にしか紹介されていなかったブロッホだが、一九六四年に『トーマス・ミュンツァー――革命の神学者』、一九六八年に『痕跡』、一九七〇年代半ば以降『希望の原理』の各巻がフランス語訳され、彼の主要著作がフランスにおいて広く読まれることになった[6]。一九六八年五月のフランス学生運動と、その先駆であった一九六七年、一九六八年のドイツ学生運動において思想的基盤をなしていたブロッホの諸著作[7]へと知識人たちの関心が高まっていたという事情もあり、本格的にフランスにブロッホ研究が受容されつつあった。さらに一九七五年のブロッホ生誕九〇年を記念し、翌一九七六年三月一日『ユートピア――エルンスト・ブロッホによるマルクス主義：構築不可能なものの体系』という論集が編まれた[8]。レヴィナスが最初にブロッホを主題化した論考、「エルンスト・ブロッホの思想における死について」（『観念に到来する神について』収録）は、この論集のために執筆された。同年四月以降に行われたブロッホに関する数回のソルボンヌ講義は、この論考を土台としている（『神・死・時間』収録）。

しかし、もちろんレヴィナスがブロッホを論じたのには、彼の思想に内在的な理由もある。本章で論じる通り、レヴィナスはブロッホの〈いまだない〉の時間論に、存在論と倫理との特権的な関係を見て取っており、彼の議論を自身のテーゼと結びつけているのである。

「エルンスト・ブロッホの思想における死について」の冒頭においてレヴィナスは、ブロッホが人間主義的マルクス主義、すなわち現実の客観的な分析と、隣人の「悲惨（misère, Elend）」が喚起する道徳性という二源泉をもつマルクス主義から出発していることを指摘する[9]。レヴィナスによれば、この「悲惨」を基礎とする思考はまさしく「倫理」である。この「悲惨」から始めることでブロッホは、倫理と存在論との「オーバーラップ」を論じることができた。

> 隣人の悲惨と抑圧、経済的搾取の体制下での彼の堕落の光景、そしてその光景が生み出す厳格に倫理的な言説は、ブロッホによれば、そしてブロッホにおいては、存在についての論理的言説、つまり存在論的言説と結びつく。倫理的言説は存在論的言説の目覚めを規定する。人間の成就とは、存在の真理における成就なのである。倫理と存在論とは、未完成の世界においては対立していると理解されるのだが、対立において両者がオーバーラップし、どちらがどちらの記述を担っているのかを決することができないような、そうした面を呈示した思想体系はかつてないであろう。（DVI, 64-65）

レヴィナスによれば、ブロッホは哲学史上はじめて「他人の悲惨」から始まる倫理と存在論の対立と、対立におけるオーバーラップとを提示した。『希望の原理』で扱われる存在論には、「明らかに、没落しつつある社会の「根本的情態性」のみを反省し、絶対化する」[10]ようなハイデガーの存在論だけでなく、「未来について考えることのない」[11]ヘーゲルの存在論、「トマスやそのほかの閉鎖性と孤立性の哲学者たち」[12]の存在論も含まれる。ブロッホは存在者の存在を問う学としての存在論を批判しながら、「悲惨」という状況における善悪を問う「倫理」とオーバーラップする形で、独自の存在論を提示してゆく。

ここで焦点となる、「悲惨」を乗り越えることとはいかなる事態か。それは未来へと、いかなる意味でも未規定な「いまだない（pas encore, Noch-Nicht）」に向かって行為すること――実践すること、労働すること――である（DVI, 68-69）。このことの筋道を問うためにレヴィナスは、ブロッホとベルクソンとの近さと遠さを指摘する。

まず、両者の近さについて見てゆこう。レヴィナスはプラトン『ティマイオス』における「永遠不変なものの動く似姿」としての時間論[13]と対比させながら、ベルクソンの「瞬間の新しさ」を、ブロッホの「未規定なもの」と近づけて論じている。つまり、両者は「時間」を「永遠不変なもの」に回収することなく、むしろかつてない「新しいもの」が現れる可能性から規定しているのだ。レヴィナスは、ベルクソンを、「過去の規定的なものをふたたび問いに付すことで、『ティマイオス』の時間とすでに手を切っている」と評価する（DVI, 69）。こうしたプラトンに抗したベルクソン解釈は、すでに『全体性と無限』にも現れており、とくに目新しいものではない[14]。しかしじつは、ブロッホ解釈としてはいささか問題含みである。なぜなら、ブロッホ自身の言を見れば、むしろベルクソンの「新しいもの（das Neue, Novum）」の時間論はプラトンと類比的に解釈されているからである。『希望の原理』を引こう。

> すべてがつねにまた新しくなければならないところでは、同様にすべてが古いままである。それゆえ、じつのところ、ベルクソンの予期せぬ流れにおいてもすべては取り決められており、定式へと、反復のそれ自身生命のない対立物へと、繰り返し、つまり新しいもの（das Neue）をたんなる永遠の内容なきジグザグに縮減するものへと、誕生も爆発も起きず、既成のものを内容的に豊かに乗り越えることも起こらない絶対的な偶然へとすべては硬直させられているのである。〔…〕これによると、いわゆる新しいもの（Novum）も想起《アナムネーシス》にほかならず、つまり、つねに昔のものであり、つねに不死鳥であり、つねに、変化可能性と呼ばれる不変への、呪縛された回帰となるのだ[15]。

『希望の原理』において、ベルクソンの「新しいもの」は、「つねに」新しいものであることにおいてやはり不変であり、古いものの繰り返しと区別ができないという点で、プラトンの想起のように「古いもの」にすぎないと批判される。方向づけのないベルクソンの「新しいもの」はたんに「永遠の内容なきジグザグ」にすぎないのだ。こうして彼はベルクソンの主張を、エレア派の「絶対静止説」に近いメガラ学派の反可能性証明[16]――時間内に新しいものが生じる可能性は存在しないとする証明――を再現するものだとさえ述べている[17]。

　レヴィナスがブロッホの意に反して、彼とベルクソンとを近づけた意図はどこにあったのだろうか。それは両者を、それぞれの現実世界の「悲惨」への態度において遠ざけるためではないだろうか。そのことで、ブロッホにおける人間主義が際立たせられることになる。レヴィナスは次のように、両者の遠さをまとめる。

> 『道徳と宗教の二源泉』以来、持続は、ある創造的肥沃さにおいて、そして社会学者や歴史家のとは異なる社会性によって、隣人との関係に類似している。だが、まさしくこのような内在化、純粋な精神性への道行きにおいて、聖性を介して未来は現前し生起するのだが、この未来は〈世界〉の時間において現れず、ユートピア思想の意識にはならないのである。歴史は身を隠してしまい、世界の悲惨は上空を飛び越されたり、貧民街の土台の下の、魂をくりぬかれた地下通路へと回避されたりするのである。〔…〕それは心が不十分だというわけではなく、哲学の概念的欠落である。エルンスト・ブロッホにとって、〈現実〉の人間化は世界を迂回することができないはずなのだ。(DVI, 69-70)

レヴィナスによれば、ベルクソンは社会性を扱っているにもかかわらず、ブロッホのように世界とその「悲惨」を扱うことができず、その点で彼の哲学には概念的欠落がある。ベルクソンにおける「新しいもの」は、「歴史の連続性を中断させ、歴史がそこで再開するところの核」である、「人間の単独性」を前提としていない点で批判される[18]（DVI. 71）。

レヴィナスはここでふたたびブロッホをやや強引に読み替えている。なぜならブロッホがベルクソンを批判するのは、あくまで先に見た時間論においてであって、悲惨を捉えきれていないからではないからだ。しかしたしかに、ブロッホは他人が悲惨な状況におかれていることに対して怒り、それを乗り越えるために〈いまだない〉へと行為すること、すなわち悲惨を「革命の梃子」に変えることを、「希望」と呼んでいた[19]。ここをあえてベルクソン批判に結びつけたのはレヴィナスである。そうだとすればその意図は、ベルクソンを介して、ブロッホの悲惨論とその人間主義を本人以上に強調するためだったのではないかと思われる。

レヴィナスによれば、今の悲惨を直視し、この悲惨な世界よりよいものを目指す行為の先にあるものとは、端的に、「よりよい世界」である。「悲惨」を始点として、事実性において主体が働くのは、「来たるべき世界、よりよい世界のため」である（DVI. 72）。このことを、レヴィナスはソルボンヌ講義で以下のように言い換えている。

> ある意味で存在は、存在より以上のもの、存在よりよいもの、存在とは他なるものを含んでいるのです。ブロッホにとっては、存在が含むこれらのものとは世界の成就であり、成就された世界にお

ける到達点であるような、故郷（foyer）という世界の性質でした。（DMT, 120）

ブロッホにおける〈いまだない〉とは「よりよいもの（le mieux（meilleur）, das Bessere）」――「よりよい生」、「よりよい世界」の「よりよさ」――である。[20]「悲惨」を直視することは連続性を中断させ、主体を今の「悲惨」に抗して働かせるから、その先にあるものはたんにいまだないのみならず、「よりよい」ものでもある。レヴィナスは、ユートピアを示す「故郷（foyer, Heimat）」というブロッホの用語を引きつつ「存在以上のもの、存在よりよいもの、存在とは他なるもの」を論じている。「故郷」という言葉からそう見えるようには、ブロッホのユートピアは回顧主義的あるいは原始共産主義的であるわけではない。[21]それは、「生成の中」に存在し続ける、古くからの哲学の根本主題であり、かつ「いまだ到達せざるもの」として定義されている。[22]

「他人の悲惨」を始点に、既存の存在ではなくいまだ存在しない未来の「よりよいもの」へと行為すること。これが、レヴィナスがブロッホに読み取った、存在論の乗り越えの意味である。この読解には、多少レヴィナス自身の主張が盛り込まれている。他者を前に「よりよいもの」に向かう行為が存在論を乗り越えるという主張は、ブロッホというよりはレヴィナスのものだ[23]（cf. TI, 39）。「悲惨」を軸にベルクソン批判の意味がずらされることで、『希望の原理』は倫理学へと重ね合わされていたのである。つまり、レヴィナスとブロッホはどちらも、未来へ向かって目下の悲惨をよりよく変えうることとしての、〈いまだない〉の実践的意味を強調した思想家なのである。

第二節　具体的ユートピア

次に問われるべきは、レヴィナスとブロッホが思考した〈いまだない〉が、いかなる未来なのかである。それは歴史の終末に現前するはずの、「来たるべき」未来なのだろうか。本節では、彼らの未来概念と、通俗的な意味での終末論、ユートピアの時間性との差異が論じられる。

レヴィナスはブロッホを、倫理による存在論の乗り越えというみずからのテーゼに近づけて読解したが、このブロッホの倫理的な存在論は、彼のユートピア概念と密接な関係を有している。この点、本章冒頭で述べたように、レイはブロッホのユートピア論をレヴィナスから遠ざけ、理想主義的ユートピア論として理解することで、「来たるべきユートピアについて、レヴィナスの全体がそこに再発見されると言いうるであろうか」、と反語的に問うている[24]。われわれの考えでは、レイの議論は、ブロッホのユートピアの「生成の中で」という側面を論じていないばかりか、このユートピア論の具体性について論じていない。そこで以下でわれわれは、前章で述べたレヴィナスの読解を前提としつつ、両者の哲学がユートピアという論点において共有するものを検討する。

『希望の原理』においてブロッホは、ユートピアを理想主義的、非現実的なユートピアと区別して「具体的ユートピア（konkrete Utopie）」と呼んでいる。それはたんなる夢物語ではなく、そのつどの「悲惨」に対して、労働としての具体的な行為によって目指される「よりよいもの」のユートピアである。ここでの具体性の強調は、抽象的ユートピア論を排する、マルクス主義のいう弁証法的唯物論のブロッホ的再解釈によるものだ[25]。

夢と生との間の接触点がなければ、夢はたんなる抽象的なユートピアであり、また生はたんなる取るに足らないものであるが、そうした接触点は、地に足のついた、実在的な可能性と結びついたユートピア的な力能に与えられる。そしてこの力能は、じつのところ、そのつどの存在するものを超越する傾向がある。われわれの本性のみならず、まったく外的な過程的世界の本性において、超越するのである。ここにおいて、一見すれば逆説的な、具体的ユートピアという概念が場所を得るであろう。すなわち、先を予見する具体的ユートピアは、抽象的ユートピアの夢想とはけっして一致せず、まただの抽象的ユートピアを扱う社会主義の未熟さを通してもたらされない。夢の中で雲を前途へと追い払い、しかしそこで炎の柱をかき消すのではなく、具体性を通して強化してきたのは、まさしくマルクス主義の力と真理とである。したがって、こうした期待する志向的意識‐知が――内在的なあふれ出る光、物質的弁証法的に乗り超えるような光の只中において――希望の知性としてあり続けなければならない[26]。

このように、ブロッホはマルクス主義解釈を通して、夢想的で抽象的なユートピアを批判しながら、物質的弁証法的な乗り越えによって未来へと向かう、具体的ユートピアを提示しようとする[27]。それはレイの読解とは裏腹に、すでに存在するものをそのつどよりよいものへ向かって超越する力能を与えることによって、歴史の中に具体化するユートピアである。ブロッホが論じるのは、ある意味で地に足のついた、生活に根ざした「希望」の未来なのだ。レヴィナスの場合は、未来はあくまで死の〈いまだない〉であり、飢えがもたらす「切迫」が問題となるがゆえに、いうなればブロッホよりも時間がない。すでに見たように、切迫は時間がないにもかかわらず、応答の猶予はある、という死までの二重の時間において生じるからである。その点に両者のずれが見出される。

以上のようにレヴィナス哲学は、「よりよいもの」を目指す行為の具体性という側面において、ブロッホのマルクス主義解釈としての具体的ユートピア論と問いを共有していた。だからこそレヴィナスは、ブロッホによるベルクソン批判の読解において、あえて本来とは異なる道を通り、「他人の悲惨」を軸として両者の時間論を対照的に位置づけたのではないか。そのことで彼は、この「悲惨」を始点として〈いまだない〉の未来へ、「よりよいもの」へと向かう行為を論ずる、『希望の原理』の倫理的側面を提示することができた。この未来とは、歴史の果てにいずれ救済を見出すような通俗的な意味での終末論ではない。目の前の悲惨に対して具体的に行為することとしての、そのつどのユートピアである。レヴィナスの〈いまだない〉は未来の応答の可能性であるが、「切迫」の時間のなさにおいてブロッホとは異なる。それでも、レヴィナスの政治哲学において物質性、そしてユートピア的時間性に関する議論を理解するために、このように彼のブロッホ読解を一つの糸口とすることができるのではないだろうか。

注

[1] Ernst Bloch, *Das Prinzip Hoffnung*, Berlin: Suhrkamp Verlag, 1985[t. 1, 1954; t. 2, 1955; t. 3, 1959]; *Le principe espérance*, traduit par Françoise Wuilmart, Paris: Gallimard, t. 1, 1976; t. 2, 1982; t. 3, 1991.

[2] e. g. *Ibid.*, p. 179.

［3］*Ibid.*, p. 159.

［4］アバンスールによれば、ブロッホのいう「新しいもの」とはいずれ存在するようになるもののことであり、成就されるべき「存在の真理」との関係によって規定される。「悲惨」とは古い存在論を補い、新しい存在論へと移行するための存在論の内在的契機であり、マルクス主義の弁証法的歴史哲学における否定性にほかならない。こうして、他者の外部性を強調するレヴィナスの倫理とブロッホ哲学とは異なる地平に置かれるべきであることになる。Miguel Abensour, « Penser l'utopie autrement », in C. Chalier, M. Abensour（dir.）, *Cahier de l'Herne: Emmanuel Levinas*, Paris: l'Herne, 1991, pp. 477–495.

［5］レイは、ブロッホのマルクス主義的な意図に留保を加えつつ、いわばレヴィナスが読もうとしたブロッホ像を描き出そうとしている。Jean-François Rey, « L'utopie et la mort », in R. Burggraeve, J. Hansel, M.-A. Lescourret, J.-M. Salanskis（dir.）, *Recherches levinassienne*, Louvain, Paris: Peeters, 2012, pp. 137–146.

［6］当時のブロッホの研究状況については次の論考が詳しい。Pierre Furter, « Utopie et marxisme selon Ernst Bloch », in *Archives de sociologie des religions*, in Centre national de la recherche scientifique, n°21, 1966, pp. 3-21.

［7］こうした事情については、たとえば次の記述を参照のこと。好村冨士彦『ブロッホの生涯——希望のエンサイクロペディア』平凡社、一九八六年、一五頁。

［8］Gérard Raulet（dir.）, *Utopie – Marxisme selon Ernst Bloch. Un système de l'inconstructible*（Collection « Critique de la Politique »）, Paris: Payot, 1976.

［9］レヴィナスの責任概念は後期になって「慈悲（miséricorde）」（SA, 36）と呼ばれるが、この語が「悲惨（misère）」を語源としていることを想起しよう。また、ここで misère と訳されているドイツ語の Elend は、彼も参照しているプルードン『経済的矛盾の体系、または貧困の哲学（Philosophie de la misère, Philosophie des Elends）』あるいはマルクス『哲学の貧困（Misère de la philosophie, Das Elend der Philosophie）』などで用い

られる術語である。なお、ブロッホはMisereという語を用いてもいるが、この語はElendよりも一般的に、貧しい経済状況を示すために用いられる。

［10］Ernst Bloch, *Das Prinzip Hoffnung*, op. cit., p. 124.

［11］*Ibid.*, pp. 283–284.

［12］*Ibid.*, p. 960.

［13］プラトン『ティマイオス』37c–38bを参照のこと。プラトンはこの後期著作において、前期の想起説を時間論へ展開した形で、イデアの不動性と、その似姿である存在者の動性とを結びつけて論じている。

［14］レヴィナスはおそらくベルクソン『創造的進化』第四章の『ティマイオス』解釈を念頭に置きながら、次のように述べている。「存在との関連で生を論ずることの不可能性は、ベルクソンにおいて強調を込めて主張されている。ベルクソンによれば、持続はもはやその堕落において不動の永遠性を模しているというわけではないのだ」（TI, 241）

［15］Ernst Bloch, *Das Prinzip Hoffnung*, op. cit., p. 159.

［16］アリストテレスが『形而上学』第九巻で反駁するメガラ学派は、パルメニデスの「在るものは在り、在らぬものは在らぬ」を引き継ぎ、〈いまだなきもの〉としての可能性の実在を否定する。

［17］Ernst Bloch, *Das Prinzip Hoffnung*, op. cit., p. 232.

［18］ベルクソンとレヴィナスの時間概念を、こうした人間主義的側面ではなく、連続性／断絶という側面から対照させた論文としては次のものがある。平岡紘「時間における連続性の断絶――レヴィナスにおけるベルクソン的持続批判をめぐって」『フランス哲学・思想研究』一五号、二〇一〇年、一二三–一三一頁。

［19］Ernst Bloch, *Das Prinzip Hoffnung*, op. cit., p. 1606.

［20］e. g. *Ibid.*, pp. 84–85.

［21］「故郷」という語を、レヴィナスは「明らかにユダヤ的な、あるいはユダヤ的に強調された数々のモチーフ」に

数え入れ、それを「不正な社会を吐き出す、約束の地の概念（la *terre promise*）」と結びつけている（DVI, 65）。ここで一見、「約束の地」という語はレヴィナスの批判する、いわゆる土地への「根付き」ないし終末論を肯定するかのように見えるが、むしろ普遍主義的な彼のユダヤ教解釈に対応して、悲惨に直面する意識の場として捉え直されている。Jean-François Rey, « L'utopie et la mort », op. cit., p. 141. なお、レヴィナスの「普遍主義」については次章を参照のこと。

［22］Ernst Bloch, *Das Prinzip Hoffnung*, op. cit., p. 8.

［23］存在論に対する倫理の特権的位置づけは、プラトンのいう「あらゆる本質の彼方の〈善の場〉」になぞらえられる（TI, 106）。レヴィナスは善の場の理念性において、存在論を乗り越えた倫理の位相を示そうとしている。

［24］Jean-François Rey, « L'utopie et la mort », op. cit., p. 145.

［25］S・ブロカはこのことについて、「具体的ユートピア」の思考は、マルクス主義的唯物論と結びつきながら、「古典的な仕方でユートピアを論じる非現実主義への非難を乗り越える可能性を提示した」と述べている。Sébastien Broca, « Comment réhabiliter l'utopie? Une lecture critique d'Ernst Bloch », in *Philonsorbonne*, vol. 6, 2012, pp. 15–16.

［26］Ernst Bloch, *Das Prinzip Hoffnung*, op. cit., p. 165.

［27］別の箇所でも、マルクス主義的な未来とは「ユートピア的抽象的に描写された未来」ではない「歴史的唯物論的に照らされた未来」であり、「未来国家のすべての絵空事と手を切ること、未来の領野を残しておくこと」こそが、マルクスが理想的未来を描かなかったことの積極的意義なのだとブロッホは論じている。*Ibid.*, p. 725.

第六章　物質主義とユダヤ的普遍主義

――キリスト教、マルクス主義とともに

前章までで確認したように、飢えがもたらす切迫と、具体的に応答する死の〈いまだない〉が、レヴィナスのいう倫理の時間性であった。以降で問われるべきは、この飢えに対する応答がいかなる身体性を対象としているかである。本章でわれわれは、「パンを与えること」としてモデル化される「物質主義」の倫理が、「物質的超越」、「ユダヤ的普遍主義」、「マルクスの人間主義」と結びつけられる理路を順に追う。

まず、「物質的超越」について概観しておこう。「超越」とは一般に「内在」の対立概念であり、知的把握や合理性の外部にあるものとされ、西洋では伝統的に、形而上学における始原《アルケー》、一神教における神または絶対者の概念と重ねられてきた。それは地上から天の高さへ向かう、いわば「空間的超越」である。レヴィナスはこの意味での超越そのものが、知りえないものを概念化してしまい、知りえないにもかかわらずそれを措定する「偶像」であり、このような超越に基づいた思考は「根源的偶像崇拝」であると批判する。これに対し、偶像崇拝ではない形で思考されるのが、世俗的で形而下的な超越、つまり

飢えた他者の超越である。われわれは、この超越を低さから高さへの「空間的超越」と区別して「物質的超越」と呼ぶ。

語義矛盾にも見えるこの世俗的な超越は、伝統的な超越とは異なる仕方で宗教性を保持している。ミトナグディムと呼ばれる反ハシディズム派ユダヤ思想は、ハシディズムの精神主義的側面を批判しながら、地上での物質的生を重視する。ミトナグディムの影響を公言するレヴィナスは、物質的超越を世俗における神の業と重ねあわせていたのだと思われる。レヴィナスはこのような立場を採りつつも、それを宗派内の特殊な主張ではなく、あらゆる宗教団体の区別や宗派の対立を乗り越える普遍主義として解釈しなおそうとする。飢えた他者を前に、そうした区別がもはや無意味となり、ただ「パンを与える」こととしてのみ残る宗教性、これこそが彼のいう「ユダヤ的普遍主義」である。ミトナグディム的な発想に拠っているためにユダヤの名を冠しているものの、その特殊性は普遍主義において再解釈されるに至るのである。

このように普遍化されたユダヤ的物質主義は、宗教性を排するマルクス主義の人間主義的側面にさえ接近しうる。同時代の知識人たちが寄せた関心とは裏腹に、レヴィナスは声高にマルクス主義を論じることはない。しかしじつは、彼のテクストには、飢えた者たちの身体的欲求の真摯さが語られており、「マルクス主義哲学の大いなる力」や「人間主義を標榜する労働者階級の諸要請の有する力」と結びつけられているのである。本章は最後にこの観点から、レヴィナスとマルクス主義との近接性を論じることになる。

第一節　空間的超越と物質的超越

論文「世俗化と飢え」（一九七六年）は、『神・死・時間』に収められた「超越――偶像崇拝と世俗化」と「ドン・キホーテ、呪縛と飢え」という一九七六年の二つのソルボンヌ講義稿と同時期に書かれ、双方と重なりあう内容をもつ論文である。その中でレヴィナスは西洋の伝統的超越概念を以下の二点において批判している。

（一）「超越（transcendence）」は語源的に、「横切り（trans）」、「越えている（scando）」ことを意味している。しかし、西洋が伝統的にそう考えていたように、超越が「低い水準」から「高い水準」への空間的な超越を意味し、両者、いわば天と地上とが完全に分離しているとすれば、地上の知が両者を関係づけようとすることは論理矛盾であるばかりか、分離されて知りえないはずの超越的な存在を「偶像」として措定する偶像崇拝であり、超越的存在を前提とするあらゆる偶像崇拝を導く「根源的偶像崇拝（idolâtrie originaire）」である（SF, 77）。時代が下ると、西洋の知は、超越的存在の分離を前提として、世俗的ないし物質的なもののみを対象とするようになる。不可知なものは手が届かないのでいったん棚上げし、知りうるものだけに手を伸ばそうとするのである。ここから西洋の知の世俗化が始まる。『国家』において、「天の高みを信じていた」グラウコンを嘲笑するソクラテスのごとく、「地上の休息」の中で世界を包摂することが西洋の知の原型である。そもそも、アリストテレス哲学が学知の始まりと同定したはずの理性の驚きとて、自己の知の配置に反するものの否認としての自己正当化であり、すべてをみずからの利害関心から捉えようとする「我‐執（inter-essement）」にすぎない（SF, 78）。

（二）このような世俗化の中で、「天の明かりが照らす」ものとして、「技術的な知」が成立する。人間は、世界におけるみずからの限りない物質的欠乏、すなわち「飢え」を技術的に効率よく満たすことによって、飢えを一時的に宙づりにすることを学ぶ。『ガルガンチュアとパンタグリュエル物語』第四の書（一五五二年）の登場人物である「胃袋男爵（Messer Gaster）」の限りない食欲のような貪欲さをもった人間は、技術的発展によってようやく満腹を覚えるのだ。しかし、いくら効率よく欲求を満たそうが、主体は主体性の物質的条件そのものは把握できない。言語による主題化の手前にある前述定的な条件をみずから知的に把握することはできないのである。この意味で、知的主体の不可避な物質的条件は「飢えの止むことなき再開」そのものであり、飢えの深みは「人間によって測られることがない」（SF. 78）。したがって、飢えを宙づりにすると称する技術とは、みずからの飢えから目を背けさせる欺瞞にすぎないことになろう。

　みずからの前提をなすがゆえに、西洋的超越概念が扱えないこれら二つの問題、すなわち、根源的偶像崇拝と世俗化の問題、そして主体自身の還元不能な物質的条件の問題を考えるために、レヴィナスは新しい超越概念を提示する。それが物質的な超越である。

> 他人の飢えは人々を満腹のまどろみから目覚めさせ、満足から醒めさせる。新しい超越とは、全体性における何らかの調和によって他人が安らぐと信じることの拒否である。それは、何ものも他の人間の飢えを欺くことができないという確信である。（SF. 82）

「新しい超越」は、根源的偶像崇拝あるいはその世俗化によって限界づけられた西洋的超越概念とは異なり、空間的な超越を前提としていない。飢えという物質的な欠乏に端を発する、はじめから世俗的な超越である。知的理解を逃れる他人の飢えは、共感や何らかの前提条件を介して主体に差し向けられるわけではない（SF, 82）。自分の飢えから他人の飢えを理解することはできない――この意味でレヴィナスは主体の苦しみを「無益な苦しみ」（SI, 329-338）と呼んでいる。理解不能な他人の飢えが、主体に向けて、みずからの飢えを差し置いて「その口のパンを与えよ」という命令を発する（e.g. AE, 71）。この物質的な命令によって、世界内存在は「他のための一者」として作動する。つまり、レヴィナスの超越は、主体に固有な物質的欠乏にもかかわらず、他なる物質的欠乏への応答責任を負うことを意味している。それは地上から天へという空間的超越ではなく、みずからの飢えから別の飢えへの物質的超越である。

　したがって、「超越と世俗化」の概念枠組みとは異なり、物質的超越ははじめから世俗的である。それは、いかなる「高い水準」を打ち立てることもなく、一貫して「低い水準」としての「地上」、「世俗」、「内在」にとどまり続けるからだ。レヴィナスの思想においてこのような「飢え」の超越についての議論はたびたび現れるが、一見すると、この超越概念は超越を内在に含みこむ反形而上学的または無神論的主張にも思える。しかしじっさいは、むしろ超越の内在性を強調するミトナグディム＝ユダヤ教の伝統を背景としている。

　レヴィナスの出生地であるリトアニアのカウナス周辺では、ユダヤ人学校イェシヴォットを中心とした反ハシディズム派である、ミトナグディムの影響力が大きかったという。レヴィナスもミトナグディムからの影響を公言しており（e. g. SA. 95）、その最重要著作の一つ、ボロズィンのラビ・ハイームの手による『ネフェシュ・ハハイーム（生の魂）』を論じることがある。論考「「神にかたどって」——ボロズィンのラビ・ハイームによる」（一九七七年）において、彼は個と神との間の精神的関係を重視するハシディズムの精神主義的側面を批判しながら、この著作の中で示される「物質主義」を強調している。レヴィナスが「物質主義」について、「戒律を行うこととは、世界の存在を支えることである」（ADV. 194）と表現しているように、ミトナグディムの教義は、他者たちと生きる社会で、具体的生の中での倫理的実践を強調しているのである。[1] モーゼスが『ネフェシュ・ハハイーム』をそう解釈したように、「人間の経験」に現れる「無限」とは、「生それ自体」なのだ。[2]

　こうしたユダヤ的文脈を踏まえて思考しているがゆえに、レヴィナスは他者を前にした応答の具体性を強調しつつ、それを「ユダヤ的」物質主義と呼んだのであろう（HS. 31）。ここで「ユダヤ的」という形容詞は、主張の正当化に用いられているのではなく、その思想的源泉を示すために用いられている。レヴィナスのいう物質主義は、西洋の知とは異なる源泉から導かれた、物質的超越概念によって説明されているのである。

第二節　ユダヤ的普遍主義の射程

　人間の具体的生のうちでユダヤ的宗教性を再定式化すること、それはミトナグディム的であるばかりか、レヴィナスのいう「ユダヤ的普遍主義」にほかならない。あるテクストで彼はユダヤの選民思想、特殊恩寵主義を倫理的に再解釈し、普遍的な仕方で論じようとしている。ラビ・アバフの言葉を引きながら、レヴィナスが強調するのは、近代国家の法や政治の普遍性とは別の、キリスト教徒その他を含めうる「すべての王とすべての諸国民」を包む「光」の普遍性である（DL, 146）。別のテクスト――「今日のユダヤ思想」（一九六一年）――ではより直接的に「希望し生きることを求める」ような他者の「飢え」が宗教団体の区別や宗派の対立を乗り越える可能性を示している。

> しかし、希望をもって生きようとする、これら無数の民衆の飢えた目の下では――われわれユダヤ人とキリスト教徒は歴史の余白へと押し出され、もはや誰も骨を折ってカトリックとプロテスタント、ユダヤ人とキリスト教徒とを区別しなくなる。これらの宗派は、難解な諸書物の解釈で一致を見ないことから、互いに背を向けあっているだけなのだ。宗教団体は、今後別の骨組みで構築される世界において政治的集団性を失ってしまった。（DL, 249–250）

飢えた民衆たちの面前で、宗教団体の区別はもはや意味をなさない。飢えた者に「パンを与える」ことを意味する物質主義とは、「パン」を共有する絆を強めるために「われわれ」の利益のみを考える、閉鎖的な「悪しき物質主義」ではなく（DL, 10）、政治や宗教対立を超えうる、飢えた叫びのもたらす超越、普遍性から始まる物質主義である[3]（HS, 31）。それは同時に、この物質主義はユダヤ人とキリスト教徒という、ある時点までは聖典と歴史を共有していた「忘れられた血縁関係」の「兄弟愛」（DL, 250）が新たに始まることでもある。レヴィナスのいうユダヤ的普遍主義は、それぞれの宗教が有する特殊性を乗り越えた形で、他者のために、倫理的な仕方で普遍化することを提案しているのである。

第三節　マルクス主義哲学の力

レヴィナスは、このような意味での物質主義を、宗教性を排するはずのマルクス主義とも接近させている。マルクス主義を標榜する同時代の知識人たちとは異なり、レヴィナスによるマルクスの参照はきわめて少ないがゆえに、これまでそうした主張はほとんど注目されることがなかった。しかしじつのところレヴィナスは、初期思想から身体的欲求にマルクスの人間主義を結びつけて論じている。たとえば『実存から実存者へ』（一九四七年）において、レヴィナスは飢えた者が食べることを「善意」そして「真摯さ」へと結びつけている。

> われわれはたしかに食べるために生きているのではないが、生きるために食べているというのも正確ではない。われわれは飢えるがゆえに食べる。欲望は思考と呼べるような下心をもっているわけではない。それは善意である。そのほかのものは生物学である。欲望しうるものが終わりであり、目的なのだ。（EE, 50）

飢えて食べることという、裏表のない単純な生のあり方を、レヴィナスは「善意」と呼んでいる。それは欲望に向かって進み、欲望を満たして終わることである。この身体的な水準においては、いまだハイデガー的な「存在の気遣い」も「存在論的問い」も存在せず、ただ「世界への沈み込み」のみが存在する。「日常と呼んでそれを非本来的なものと宣告するならば、飢えと渇きの真摯さを誤解することになる」（EE, 60）。こうした世界への物質的関係は「暗黙知」もしくは「志向」であり、意識による知的理解を逃れる（EE, 50）。レヴィナスはそうした真摯さを人間性の始点と捉え、ここにこそ「マルクス主義哲学の大いなる力」（EE, 50）を見出す。

さらに同時期に、レヴィナスはマルクスの名こそ出さないものの「経済的な問題に端を発する人間主義」の要求の力をこの飢えにこそ託している。

> 大衆が不安よりもパンのことばかり考えてエリートに抗して否認するとしても、この否認の中には素朴さとは別のものが存在する。経済的な問題に端を発する人間主義における感動的で偉大な響きと、人間主義を標榜する労働者階級の諸要請が有する力とがここにこそ生じるのである。その挙措が、非本来性への頽落や気散じ、さらにはわれわれの動物性からくる当たり前の要求でしかなかったなら——このことは説明がつかないことになろう。（TA, 42）

エリート主義による知的な要請ではない形での、より具体的な「労働者階級」の人間主義への賛意がここには表れている。「パン」のことを気に掛けざるをえない人間の描写からも読み取れるように、レヴィナス哲学において、飢えた者の率直な要求への応答責任関係は倫理のモデルである。そうだとすれば、パンの配分としての政治が構想されうるし、そうされなければならない。たとえマルクスの名が引かれていないとしても、「経済的な問題に端を発する人間主義」が彼の問題関心の一つであったということは注目に値する。ただしそれは、たんに「パンを欲しがっている者にそれを与えること」を格率とする規範倫理ではない。身体をもって世界のうちに沈み込んでいる者たちの関係として、倫理を再構成することが問題なのである。

ここに読み取りうるマルクス主義との近接性は、前章で示したブロッホ解釈にも表れているように思われる（DVI, 62-76）。レヴィナスはブロッホの人間主義的マルクス解釈を評価しながら、彼の〈いまだない〉の存在論を「存在論を超えたもの」として解釈し直している。レヴィナスはブロッホに形而上学的な「高さ」が欠けている点を批判するが、彼自身の物質的超越概念のある種の「低さ」を考えれば、ブロッホのいう存在論に「高さ」が欠けていることとも近接性を持ちうるのではないだろうか[4]（DVI, 76）。それは、超越性を認めないマルクス主義的無神論的主張への接近というよりは、西洋において伝統的な形而上学的超越性への批判と見るべきであろう。

以上で見てきたようにレヴィナスは、「超越と世俗化」という宗教学の古き問いを、世俗的な物質的超越性に基づいた「ユダヤ普遍主義」において再定式化する。「ユダヤ人解放以降」の時代において、ふたたびこの低い超越性の意義を示そうとするのである（DL, 147-148）。「ユダヤ」がその特殊性と同一性を手放さないで、同時に普遍主義を主張しうるかという問いに、レヴィナスは「他人の飢え」から始まる物質的超越概念によって答えようとした。

この主張は彼自身認めている通り、「中世ユダヤ教の「ポスキーム（裁定者）」」によるタルムード解釈に反している[5]（DL, 147）。彼らはユダヤ人の離散《ディアスポラ》という状況において、世俗にすぎない政治に、西洋的な意味での世界史とそれに内包される個々の政治に、ユダヤ的理性を見出すことを拒否していた。彼らにとって歴史において恣意的に移り変わっていく西洋の「政治の生成」の中に、理性の普遍性やメシアニズムを考えることは不可能であったからだ（DL, 146）。レヴィナスの再定式化は、ユダヤの歴史を世界史の外に位置づける、この特殊恩寵主義をふたたび世界史に内在的な形で解釈し直すことを課題としていたのではないだろうか。そのことによって彼は、宗派や政治的対立ならびにイデオロギー的人間主義を乗り越えて、まさに歴史においてそのつどの宗教性が再開する可能性を提示しようとしたのである[6]。

注

[1] ここからJ＝C・ポワザのように、レヴィナスの「内在性」をG・ショーレムのユダヤ・キリスト教解釈と重ねる者もいる。Jean-Claude Poizat, « Pensée politique, universalisme et judaïsme: le cas Emmanuel Lévinas. Une nouvelle morale politique pour notre temps? », in *Raisons politiques*, n° 23, 2006, pp. 175-192.

[2] Stéphane Mosès, « L'idée de l'infini en nous: Pour Emmanuel Lévinas », in *Emmanuel Lévinas, L'éthique comme philosophie première*, Paris: Cerf, 1993, pp. 79-101.

[3] ただし、このテクストでは「物質主義」は基本的には告発に使われるべき語として、否定的な意味で用いられている（DL, 249）。本章で挙げた他の箇所とは異なり、「即物的思考」という語義が強調されているのであろう。

[4] 前章冒頭で述べたとおり、アバンスールは、この点でブロッホとレヴィナスを遠ざけている。つまり、彼はブロッホとレヴィナスは高低の水準が異なるとする。しかしわれわれの読解によれば、その表面上の対立を越えて、

両者を近づけて考えうる。Miguel Abensour, « Penser l'utopie autrement », op. cit., pp. 477–495.

［5］ポスキーム（Décisionnaire, poskim, פסקים）とは、ユダヤ法（ハラハー）に基づいた裁定を行う者のこと。レヴィナスはここで、世俗的な政治史としての「歴史」に超越性を認めないという裁定を問い直すことで、歴史内における物質的なものの超越性を重視しようとしている。

［6］次の論考で合田はこの議論をユダヤ性の本質的要素としても論じている。合田正人『入門ユダヤ思想』筑摩書房、二〇一七年、二四–二五頁。

第七章　人間主義の動物性
——生態学とともに

レヴィナスが飢えによって乗り越えようとする既存の秩序とは、言語的なものや教義的なものに留まらない。超越的なものを前提とすることで偶像崇拝や世俗化を必然的に導く伝統的形而上学ではなく、「飢え」から「他人の飢え」への具体的応答において超越性を見る倫理学こそが形而上学である。この超越性はあらゆる宗教的価値・宗派・教義の手前で普遍主義を導くが、この普遍性がいかなる射程をもつかが考えられなければならない。

飢えが他者の条件ではなく他性の本質であるとしても、それがレヴィナスによって読み替えられた内世界性としての物質性に対する感受性を意味しており、倫理がこの感受性に始まるとすれば、飢えの主体が生物学的な人間に限定される理由はない。言い換えると、倫理学が問題とするのが「パンを分けあうこと」であるとすれば、「動物の呼び声」に対する責任も含みうるのではないか。さらに飢えた者がいかなる境界をももたないとすれば、動物以外の「感受性」を有する生物にも拡張されなければならないとすれば、飢えの倫理学はもはや飢えの「生態学」にまで行きつくのではないか。

こうした問題は、第二部においてパンを分けあうことの現実性として再定式化された政治哲学によって扱われなければならない。したがって、レヴィナス倫理学から出発して動物的もしくは生態学的政治は可能なのか、これが第二部の最後に問われるべき問いである。

第一節　飢えの動物性

レヴィナスにおいて動物性がいかに扱われているか――あるいは、扱われていないか――を精査するために、まずはデリダとその読者たちによる批判を検討しよう。

Ｐ・ロレッドが指摘するように、デリダは哲学史の脱構築においてまず「人間的なもの」とそれを規定する「非人間的なもの」との区別を問題にすることで、「動物」を哲学の最も根深いテーマとして位置づけ直している[1]。なかでも「暴力と形而上学」以来、彼はレヴィナス哲学における動物論の不在について論じている[2]。とくに、デリダによるスリジーでの一九九三年の講演草稿をもとにした著作、『動物を追う、ゆえに私は〈動物で〉ある』（二〇〇六年）において、彼は反動物主義の二つの伝統的な論点をレヴィナスの中に見出している（AJ, 146–162）。

第一に、レヴィナスは動物を倫理学の中心的課題に据えるのを避けることで動物への応答を拒んでいる。たとえばＪ・ルウェリンとの討論において言い訳めいた形で述べられているように、レヴィナスは自身がこの主題を注意深く避けてきたが、おそらくは無意識的に動物たち――ヘビ、サル、「ボビー」と呼ばれるイヌ――をひとまとめに非人間的なものとして扱っている。このことからデリダはＥ・ド・フォントネーの指摘に注意を向け、F・カフカ、P・シンガー、E・カネッティ、M・ホルクハイマー、Th・アドルノといった現代のユダヤ人思想家と同じくレヴィナスが動物性の問いを人間の自己定義の再考の契機と位置づけることに失敗したと結論づける[3]。

第二の論点は、第一の論点よりもさらに根深いものである。デリダによればレヴィナス哲学における他性とは人間の他性に限定されている。倫理学は人間性の友愛という基盤の上に建てられているのではじめから動物を排除しており、他人よりもさらに他なるものでありうる可能性を考慮していない。つまり動物の鳴き声は、主体への呼び声としては聞き届けられないのである。レヴィナスの語を換骨奪胎し、「動物は他の人間よりも他者である」という言い回しを作り上げることで、デリダは次のように述べる。

> もし私が他者に対して、他者の前で、他者の代わりに、他者を代理して責任を負うとしても、こう言ってよければ、私が兄弟をそれと認知する他者よりも、同胞や隣人をそれと同定する他者よりも動物はさらに他者であり、さらに根底的に他者なのではないか。私が他者に対して義務を――いかなる負債よりも前に、いかなる権利よりも前に負わされて――担うとすれば、同様に他の人間、兄弟、隣人よりもさらに他者であるような動物に対しても義務を担うはずだったのではないか。じっさいには異なる。まさしく、レヴィナスにとって「アニモ（animot）」は他者ではないと思われる。
> （AJ, 147–148）

講演草稿でデリダは「アニモ」という概念を用いて反動物主義者への反駁を試みている。「動物たち

(animaux)」の語末に「語（mot）」を結びつけることで問題化されているのは、伝統的に単数形の「動物」という語に回収されることで種差を看過され、さらには人間と対比する形でロゴスをもたない非理性的なものとされてきた「動物たち」の声を聴き取ること、またそれによって新たな共同的生を思考する動物哲学の可能性が拓かれることである（AJ, 54-65）。こうした企図からすれば、レヴィナスの議論は総じて人間中心主義に閉ざされた議論であることになろう。レヴィナスはデリダのようには、ネコの眼差しを浴びることはなく、動物性そのものを他者論において定義し主題化することはなかった。そのためF・ビユルガが分析するように、デリダの提示した読解は概ね他の批判的読者にも受け入れられてきた[4]。

たしかに、レヴィナスにおいて動物倫理のようなものを見出すのは困難であろう。彼は動物について語ることはほぼないし、ましてや倫理的な関係を結ぶことについて主題化することもなかった。しかし、このことは彼の倫理学が動物倫理と相反していることを意味していない。むしろ、デリダの批判に反して、次の三つの理由から、レヴィナスの概念を用いて「動物は他人よりも他者である」と述べることは困難であろう。

第一に、主体が出会いうるのはすでに過ぎ去った他者の痕跡のみであり、人間にせよ動物にせよそれ自体が現れることはない。言い換えれば、目の前の存在が他者であると述べることはできない。第二に、動物が人間よりも他者であると決定するならば、動物たちとの共同的生を思考しようとするデリダ自身の企図に反して動物と人間との境界をこれまでよりも掘り下げ、動物が人間界から隔離され分離され、あるいは絶対化されることになりうる。さらに第三に、レヴィナスによる「動物性」の規定について、本章にとって最も重要な読解上の問題点がある。レヴィナスは責任関係の出発点となるパンを欲する他者を「飢えた者」と表現するが、この身体的欲求への従属を「動物性」として論じている。このことの重要性をデリダは取り逃しているのではないか。レヴィナスは『全体性と無限』において次のように飢えの動物性を規定している。

> 見えないものへの狂おしい要求がある一方で、二〇世紀における人間の手痛い経験は、人間の思惟が諸々の欲求によって支えられており、それらの欲求が社会と歴史を説明するということ、飢えと怖れが人間の抵抗とあらゆる自由を打ち負かしてしまいうるということを教えている。人間のこうした悲惨さ、状況と悪意とが人間に行使するこうした支配、こうした動物性は、疑いの余地がない。しかし、人間であることとはこうしたことを知るということである。自由とは自由が危機にあることを知ることである。（TI, 23）

　レヴィナスはここで人間は形而上学的で見えないものを要求する存在であると同時に、形而下的で身体的な欲求によって突き動かされてもいるという事実を適示している。ここで「動物性」とは身体的欲求の次元の側に割り当てられた規定であることが重要である。ただし同時に注意せねばならないのは、こうした欲求を相対化する「知るということ」としての理性的次元が人間には留保されているということだ。そうだとすればやはり、レヴィナスにおいて動物性は反動物主義的な形で、人間性を支える下位のものとして否定的に規定されているようにも思われる。

　ところが事情はそう簡単ではない。すでに見たようにレヴィナスは、飢えを倫理の端緒として位置づけようとするからである。飢えは「人間主義を標榜する諸要請」（TA. 42）の力を生じさせるものであり、飢えた者がパンを求めるその率直さにこそ人間を人間たらしめる「善意」（EE. 50）が存する。飢えはこのようにして人間を動物から引き離しつつ結びつける結節点となっている。言葉を換えれば、倫理の人間主義は動物性の中から生じているのである。現象学の手前、思考以前において、人間主義規定の中心をなすこの動物性はいかにして位置づけられるべきであろうか。

第二節　飢えの生態学

矛盾的と断ずるのでなければ、レヴィナスの動物性概念を飢えの議論を介して倫理学の中で位置づけ直すことができるのではないか。この発想に基づいて、動物倫理の展開可能性を思考しようとするのがペリュションである。『糧』（二〇一五年）において、彼女は「糧の現象学」を論じている。主体ははじめから理性的ではなく、むしろ飢えた身体として「感覚的世界へ沈み込んでいる」[5]。この主体性に対して物質性は道具あるいは対象ではなく第一に諸々の「糧」として現れることになる[6]。このことが導くのは、人間存在を前提とした自然／文化という二元論を問い直す、「行為、記憶、自己同一性が結びつく総体」としての、「住まい」としての「オイコス（οἶκος）」という原義に戻って「生態学（écologie）」を考えることである[7]。

レヴィナスの議論をみずからの言葉で要約しながら、ペリュションは彼の倫理学の主体性を換骨奪胎し、新たな身体論を打ち立てていく。「飢えが中心的であると主張することは、人間の壊れやすさ、苦痛への脆さ、糧の不足が弱体化と死を帰結するという事実を強調することになるばかりか、われわれの身体性に関する省察を根底的なものとなす」[8]。それは文化・宗教・自然等々といった人間的な価値区分を、人間という出発点を含めて乗り越えるような生態学である。食べることはあらゆる諸規律の分離を問いに付して倫理と政治との中に一挙に存在することであり[9]、生物の種差の手前に位置づけられるのであるから、人間性は第一には問題とならない[10]。重要なのは、糧の生存圏としての「ビオスフィア」[11]についての学として、生態学の新たな可能性を論じることである。倫理学は主体から動物性を排除することはできず、「動物の呼び声」が考えられてしかるべきである[12]。彼女はさらに、この論点を逆説的にもユダヤ・イスラーム的教義の中にさえ見出すことで、儀礼に供されるものとしてのみ考えられていた宗教における動物性をも解体していく[13]。

　加えてペリュションは動物を最初から「われわれ」に含めて考えること、すなわち動物の「擬人化」について注意を喚起している。生態学の主体について、それを後から思考できる主体は少なくとも人間である。彼女はこの人間と人間以外のものとの反転不可能性を、新しい正義論の原則の一つとして考えることを提案する[14]。つまり、倫理の問い直しを始める主体がさしあたりわれわれ人間であるという事実、ここにこそ人間の責任が存していると考えるべきだ。レヴィナス倫理学は他者を動物へと置き換えた形で再定式化される。これがペリュションのいう「動物政治（zoopolitique）」である[15]。

　ペリュションはレヴィナスの動物性概念の可能性を展開しつつ独自の政治的主張を導いているが、彼女の動物性概念が「糧」を享受することに拠っている以上、その外延は生物学的な意味での動物に留まらないのではないか。たとえば、この議論は植物の倫理について考えることを促すであろう。E・コッチャは『植物の生の哲学』（二〇一六年）で次のように問う。動物倫理や生態学を考える際になぜ植物を行為主体として考えないのか。人間や動物のように行為するわけではないが、植物にも固有の意味において行為、感受性、さらには相互性が存する。これを認めるなら、動物の呼び声に加えて「植物を殺すなかれ」なる命令も聞きとられてしかるべきである。コッチャはさらに「コスモロジーをふたたび根拠づける試み――唯一正当と見做しうる哲学の形態――とは、植物の生の探究から始めなければならないであろう」と宣言する[16]。われわれはむしろ植物政治を考えるべきなのだろうか。

　ここまで定義を広げるならば、「飢え」は有機的な自律性を持ち外部を取り込む、「感覚的世界に沈み込んだ」存在者すべての様相になる。極端に言えば、人間がパンを食べること、猫がミルクを飲むこと、木が水を吸収すること、台風が勢力を増すことの間に区別を設けることはできない。コッチャは「最深部にあるもの、それは天体である」と述べ、われわれを拡張された語義でのコスモロジーへと誘う[17]。じつのところ、これらはわれわれにとって周縁的な問題ではない。なぜなら、自我を享受の「内転を描く旋回の軸」として定義していたのはレヴィナスその人だからである。

　享受とは自己への退きであり内転である。〔…〕じつのところ、自我とは享受の基体ではない。ここで志向的構造はまったく異なっている。自我とは情感の構造そのものであり、享受が巻き付き内転を描く旋回の軸である。曲線の焦点は曲線の一部なのだ。（TI, 123）

レヴィナスにとって、感受性とは対象を能動的に感受することではなくむしろ他なるものが喚起するものであり、現象学のいう「志向的構造」以前の主体性とはみずからがその一部をなす他なるものの「内転」である。いかなる主体が、現象学以前の主体性を海水の温度上昇による蒸発がもたらす内転の激化から区別しうるというのだろうか。あたかもわれわれは、「あらゆる他者とはまったき他者である」(DM, 114) というデリダの命題のコスモロジー的再解釈へと導かれているかのようだ。

これらの主張がレヴィナスにおいて可能かどうかを確かめるために、政治的言説における相互性概念を参照しよう。彼は正義に不可欠な様相性として責任の相互性を論じていたが、動物政治のためには動物たちと人間との相互性が考えられなければならない。しかしそのようにして「市民たち」(HS, 62) の同等性を見出すことと、ペリュションのいう人間の動物たちへの「さしあたりの」責任という非対称の関係は、少なくともレヴィナス的語義での「政治」においては両立しえない。われわれはすでにリクールの批判に応える形でレヴィナスの中に有限な責任論を見出したが、政治においては責任を比較し有限化すること、制度を形成し司法を運用することが問題になる。動物たちを倫理的他者のみならず政治的主体と考えることは、人間との同等性を人間の側から打ち立てること——ペリュションの言葉では「擬人化」——に不可避的につながるであろう。裏を返せば、われわれが動物や植物さらには惑星とともに「動物的帰責」ないし「動物的賠償責任」を負い、「動物的司法」を運用することができると述べるためには、レヴィナスの道具立ては不十分である。したがって、いくらレヴィナスの動物性概念のある側面が動物の呼び声と新たな生態学を容認するにせよ、「動物政治」のような結論を支持する言説はレヴィナスの中に見出すことができない。「動物と違って、口は食べるためにあるのみならず、語るためにもある」(HN, 82)。この主張がいかに人間中心的であったとしても、動物や植物などは政治を担い、あるいは問い直すことはない[18]。

ただし、ペリュションが提示した動物倫理学の展開可能性はレヴィナスへの批判として成立しうる。レヴィナスが動物への責任、動物政治、動物の顔などの語を用いていないとしても、他者論の延長線上にはこのような議論がすでに構築されつつある。新たな倫理学が彫琢されるためには、さらに数々の問題に直面しなければならない。動物の飢えとはベンサムからシンガーに至るまでつねに扱われてきた「苦痛」論の異本――「彼らは苦しむことができるのか（« Can they suffer? »）」（AJ, 48）――にすぎないのか、クローンや生体ロボットといった人工生物の倫理を考えるべきか[19]、人工知能の感受性を思考することはできるか[20]、等々。あるいは動物政治の実現に向けて具体的な方策を講じうるかどうかが大きな問題となるであろう。レヴィナスの思考の跡に、「飢えた者たちのための政治」の可能性が問われているのである。

第二部で見てきたように、「飢え」はレヴィナス哲学において重要な意味を与えられている。他者の物質的欠乏に応える主体とは、「パン」を食べる主体であり、痕跡に向かって〈われここに〉と応答する主体であり、死の〈いまだない〉を生きる主体である。主体は他者と時間的条件と身体的条件とを――それぞれ仕方で、ともに――分かちあっているのでなければならない。ここにおいて飢えは、それが他なる飢えであるにもかかわらず、切迫をもって主体に訴えかける。ただし、この時間的・身体的条件の共有は、主体と他者の閉鎖的な共同性――「悪しき物質主義」――を構成するわけではない。主体は共感や同情ではなく、どうしても他なる飢えを飢えることができないという隔たりの中にこそ応答の可能性を見出すのである。

注

〔1〕「デリダの脱構築は第一に人間に固有であると称されるものの脱構築である〔…〕」と述べるロレッドは、動物的なものがデリダの主要なテーマであり続けたと考える。Patrick Llored, *Jacques Derrida: Politique et éthique de l'animalité*, Mons: Sils Maria, 2012, p. 21.

〔2〕パトリック・ロレッド「人間の倫理は供儀的か——倫理の脱構築をめぐるデリダとレヴィナスの論争」横田祐美子訳、『人文学報』五一二巻一五号、二〇一六年、一五三頁。

〔3〕O・オンブロジもデリダにおいて同様の批判を強調する。Orietta Ombrosi, « « Ecce Animot »: La passion des animaux selon Jacques Derrida », in *Archives des philosophie*, *t.* 73, n° 3, 2010, pp. 511-526.

〔4〕ビュルガは『全体性と無限』を読解する中で、レヴィナスが動物性を人間の「入口」としつつも、不安に取り囲まれた「生存闘争」と「自己保存欲求」の中へ回収してしまうことに批判を向ける。むしろこうした動物を狩り殺すことを人間の「労働」と捉えており、「レヴィナスが哲学において倫理に動物を含める可能性を垣間見たなどということはけっしてない」と断言している。Florence Burgat, *Une autre existence: La condition animale*, Paris: Albin Michel, 2012, pp. 54-72. また、レヴィナス倫理学の身体性を強調し、その延長線上に動物哲学を構想するペリュションでさえ、デリダの批判に同意している。Corine Pelluchon, *Pour comprendre Levinas*, op. cit., pp. 110-112. しかし後に見るように、レヴィナスは動物性に対して両義的な態度をとっており、かならずしもこのような議論に終始するわけではない。

〔5〕Corine Pelluchon, *Les Nourritures*, op. cit., p. 9.

［6］*Ibid*., p. 13

［7］*Ibid*., p. 14.

［8］*Ibid*., p. 22.

［9］*Ibid*., pp. 24–25.

［10］*Ibid*., p. 9.

［11］*Ibid*., p. 11.

［12］*Ibid*., p. 134.

［13］*Ibid*., p. 153.

［14］*Ibid*., p. 263.

［15］*Ibid*., p. 126.

［16］Emanuele Coccia, *La vie des plantes: Une métaphysique du mélange*, Paris: Payot, 2017, p. 36.

［17］*Ibid*., pp. 110–111.

［18］ペリュションは言語を介しないような自我の可能性について論じている。だが、この自我がレヴィナスのいう意味でのロゴス的秩序や政治を担いうるとは考え難い。Corine Pelluchon, *Les Nourritures*, op. cit., p. 111. なおM＝A・ウアクナンのタルムード解釈によれば、口はさらに「口づけをする」という愛のための器官でもあり、レヴィナス哲学にも口のこの機能を読み込むことができるとする。Marc-Alain Ouaknin, « Grand est le manger! », in *Le Magazine Littéraire*, n° 419, avril 2003, pp. 45–46.

［19］セバーはレヴィナスの問題圏において「クローンの顔」が思考可能かについて論じている。問題提起の仕方として、「われわれ」が対象としてのクローンを倫理的に考えうるかではなく、クローン自身がいかなる倫理を構築しうるかが問われなければならない。次の論考を参照のこと。F.-D. Sebbah, « Visage de clone », in *Les Études philosophiques*, n° 78, 2006, pp. 353-366.

［20］C・マラブーは近年の遺伝子生物学、サイバネティクス論の知見を参照しながら、「知性」と「自動性（automatisme）」とを結びつけようとする。自動性は狭い意味での反復を中断させる機構として定義されることで、むしろ知性の機能として論じられる。この意味で理解されることで自動性は生物の自律性と比較可能となる。そうだとすれば、彼女の議論においてわれわれはさらに人工知能の「感受性」を問うことができるのではないか。Catherine Malabou, *Métamorphoses de l'intelligence: Que faire de leur cerveau bleu?*, Paris: PUF, 2017, pp. 127–137.

第三部　デモクラシー

レヴィナスによれば、政治は複数の主体に関わる具体的行為から構成されており、この行為とは「パンを与えること」にモデル化される物質的なものである。しかし、そうした直接的な意味での具体的行為には、それを導くための間接的な行為も含まれるのであろうか。具体的行為とは、現実には物質的欠乏への応答、「パンを分けあうこと」に限られず、政治的実践に関わるさまざまな行為であり、既存の事実または解釈の追認であり、あるいはたんに別様な行為可能性の否定である。つまり、政治的行為は物質性に基礎づけられているとしてもさまざまな段階に区分されており、それに応じて大なり小なりの政治的決定が行われているがゆえに、たんに「物質主義」を標榜するだけでは分析は不十分である。レヴィナスの思想において政治哲学の可能性を論じる以上、われわれは政治的な行為と決定が行われる過程を問わなければならない。

レヴィナスによれば政治において倫理が現実化するためには、「隣人の隣人」としての第三者と出会い、責任の比較、計算による平準化を経る必要がある。この政治化によって成立した法、制度、規範を運用するものは「国家」と呼ばれ、政治において主体はたんに複数で集合しているだけでなく、国家に内在していることになる。国家はいわゆる政治的判断を行うだけでなく、「司法制度と司法手続き」の担い手として要請され（EL, 140-141）、国家において「諸制度は強固なものとなる」（EN, 241）。つまり――W・ベンヤミンのいう「法制定的・神話的暴力」が「法維持的暴力」を伴うように[1]――国家において政治はみずからの強化と維持を行うのであるとすれば、もはや倫理は国家に場所をもつことができないのではないか。

いかにして国家においてなお倫理は可能なのか。倫理の根源性と国家の必要性を同時に論じるレヴィナスの思想において、このことがふたたび問われなければならない。われわれがすでに検討してきたように、レヴィナス哲学において、制度的、物質的な意味での政治的なものの可能性を論じることは正当であるから、他者との相互性を認めないレヴィナスに国家論は不可能であるという類の主張はすでにその根拠を奪われている。とはいえ、レヴィナスの強調点がやはり「よりよいもの」へ向かって政治の改善可能性を論じる倫理にあるのだとすれば、実体的なものとしての国家はいかにして思考可能なのか。レヴィナスは「デモクラシー」という語をもってこの問いに応答している[2]。後に見るように、倫理に基礎づけられた国家はその基礎を忘却の彼方に追いやったとしても、平準化された秩序に組み入れられた第三者たちとの関係においてまさに、それをふたたび呼び覚ますことができる。このことがレヴィナスのいうデモクラシーの本質である。ここでデモクラシーは法治国家の議会制民主主義ないし民主的国家のそれとは異なる形で問題化されている。

それゆえ、われわれはレヴィナスの思想において、デモクラシーはいかにして可能かという問いに直面する。秩序を行使し担っていくはずの国家に組み入れられている主体は、いかにしてその「階層性」の外に出ることができるのだろうか。この国家のアポリアを背負った政治的主体性とは何か。政治哲学もやはりこれらの問いをデモクラシーのアポリアとして主題化してきた。それはデモクラシーが「民衆(δῆμος)」の「力(κράτος)」として規定されるとすれば、この力の発現はいかなる制度において可能かという問いであり、制度とデモクラシーが両立可能だとすればいかにしてか、それはいかなる運用と主権を要請するかという問いである。C・ルフォールが明確にしたように、デモクラシーは象徴的な「権力の空虚な場」によって定義されるがゆえに、統治権力を握った瞬間に自己解体を余儀なくされる一見矛盾的な場なのではないか。[3] ナンシーの言葉を借りるならば、デモクラシーがみずから提起する「形象」の問いへと向き合わなければならない。[4] したがってわれわれは、レヴィナスの議論を追いながら本書の最後にこの問題へと至る。

注

[1] ベンヤミンは「神話的暴力（mythische Gewalt）」または「法制定的暴力（rechtsetzende Gewalt）」は、「法維持的暴力 rechtserhaltende Gewalt」を通してみずからを維持すると述べている。この制定された法を純粋な仕方で差し止めるのが「神的暴力（göttliche Gewalt）」である。Walter Benjamin, “Der Kritik von Gewalt” in *Walter Benjamin Gesammelte Schriften*, vol. II.1, herausgegeben von R. Tiedemann e H. Schweppenhäuser, Frankfurt a.M.: Suhrkamp, 1999[1921], pp. 179–203.

[2] 千葉眞は「概してじっさいの状況や制度などが問題とされている場合」には「民主主義」を、また「その理念や原理を指し示す場合」には「デモクラシー」を区別して使用しているが、本稿もこの区別にならって démocratie の訳語を選択している。千葉眞『ラディカル・デモクラシーの地平——自由・差異・公共善』新評論社、一九九五年、六‐七頁。

[3] Claude Lefort, *L'Invention démocratique: Les limites de la domination totalitaire, 2e éd*, Paris: Fayard, 1994[19841], p. 121.

[4] Jean-Luc Nancy, Philippe Lacoue-Labarthe, *Le mythe nazi*, La Tour-d'Aigues: Les éditions de l'Aube, 2005[1991], p. 12.

第八章　デモクラシーにおける主体性
――デリダ、ホッブズとともに

国家の階層性の外へ出ることとして規定された倫理が、ふたたび国家において現れ国家を生み出すことはいかにして可能なのか。ヴァールの批判に正面から応える形でレヴィナスの政治哲学を規定してきたわれわれには、この問いに対してレヴィナスの倫理学的主張を繰り返すことは禁じられている。むしろ国家の必要性という観点から、そこにおいていかなる政治が、みずからを生み出した倫理を裏切らない形で運用されうるのかが問題になっているからだ。われわれは政治を行うことにおける責任を、レヴィナスのいう倫理的な責任とは区別して「政治的責任」と呼ぼう。なお、かねてから彼のデモクラシー概念に注目を促す論者は少なからずいたものの、それと不可分なはずの政治的責任がともに論じられたことはない[1]。

本章において問題とすべきは、第一にレヴィナスによるデモクラシーの概念規定である。レヴィナスがこの概念を用いることは極めて少ないながらも、その概念規定は、彼の政治哲学を見出そうとするわれわれの関心にとって最も重要なものとなる。まずは、いかなる仕方でデモクラシーが問題となるかを、ふたたびブロッホを参照しながら論じる。すでに述べたように、レヴィナスはブロッホのユートピア論と、行為の具体性という強調点を共有していた。両者にとってユートピアとは、通俗的ユートピア論のように歴史の最後にある目指すべき場ではなく、そのつど目の前の物質的状況を改善するために――「よりよいもの」に向かって――行為することにおいて目指される場である。じつのところ、この論点は、両者の共同体論において「デモクラシー」という名を得ることになる。まずはこの近接性に光を当てることで、レヴィナスのデモクラシーを論じる端緒としたい。

さらにわれわれはこの概念にまつわる諸問題を扱うが、それは主に彼のユダヤ的著作の中に見出される問題である。序論において断った通り、それが哲学的に扱われている限りレヴィナスの宗教学的側面を無視するべきではない。むしろそれらはいわゆる哲学的著作の隠された論点を明らかにするための手がかりを数多く与える導きの光となるであろう。なおこれらの議論は、「隣人の隣人」としての第三者概念と政治論の緻密化によってはじめて成立しうるため、主として七〇年代後半以降に特有のものである。

第一節　具体的ユートピアのデモクラシー

第五章ですでに見たように、レヴィナスとブロッホは、どちらも〈いまだない〉としての未来へ向かって具体的に行為すること、そのつどに置かれた状況を物質的に改善することについて論じていた。このことをもたらすユートピア論、「具体的ユートピア」は、ブロッホによれば「デモクラシー

（Demokratie）」において場所を得る。まずわれわれは、『希望の原理』においてこれを確認しよう。

> 人間性は現実に実現されたデモクラシーにおいて場所を獲得する。このようなデモクラシーはそれ自身で最初の人間的な住まいを意味している。〔…〕マルクス主義は、正しく進められ、悪しき隣人たちから可能な限りみずからを救い出し解放することで、初めから活動する人間性（humanity in action）であり、実現しつつある人間の顔なのである。[2]

「最初の住まい」とは、ブロッホ的語彙において「故郷」としてのユートピアを指す。デモクラシーが意味するのはこのユートピアであり、正しく進められたマルクス主義は初めから「活動する人間性」、「実現しつつある人間の顔」である。ここでブロッホは、マルクスのデモクラシー概念をユートピア論において説明しようとしている。[3]つまり彼は、マルクスが初期思想で理想としたデモクラシーに、具体的ユートピアの可能性を見ているのである。[4]

レヴィナスはブロッホを論じる際にはつねにこの周辺の箇所を参照しているが（DVI, 75; DMT, 109）、直接的に彼のデモクラシー概念を論じることはない。しかし、レヴィナスにおける「デモクラシー」概念の位置づけはブロッホのそれと明白な近接性を有している。対談録「他者、ユートピア、正義」（一九八八年）の、ある答弁を参照しよう。質問者は他者に対する責任と政治との関係について、責任は「絶対的なもの」に結びつけられることでたんに「ユートピア的」であり、「政治に組み入れること」を無視しているのだと解される恐れはないかと問う（EN, 240-241）。これに対し、レヴィナスは次のように答えている。

> 私はかつて次のように言いました。まさに他者への責任、他の人間の顔が要求する慈悲、善性の名においてこそ、あらゆる正義の言説は作動するのです。他者への無限の厚情に、この言説が有する厳しき法（la dura lex）がいかなる制限や厳格さをもたらそうとも。この無限は忘却できず、厳格さはつねに緩められるべきです。〔…〕おそらくここにこそ、デモクラシーの卓越があり、その土台をなすリベラリズムは、正義の絶え間なき深い悔恨に対応しています。それはつねに未完成であり、つねに再開される法制、よりよいものに開かれた法制なのです。（EN, 241-242）

レヴィナスはここで「デモクラシー」の卓越を、法や正義が中断され補完されるということそのものに見ている。ラテン語の法諺、「厳しき法、されど法なり（Dura lex, sed lex.）」は、「いかなる厳しい法であっても法である限り遵守されねばならない」ことを意味しているが、レヴィナスはこれを読み替え、いかに「厳しい＝堅固な（dura）」法であっても他者を前にそれを緩めることができると考えたのである。当時ありふれていた冷戦下の通俗的デモクラシー論とは異なり、デモクラシーは社会主義やほかの体制よりもよいとその種差の比較において述べられているのではない。その本質は、あらゆるそれぞれの政治体制にもかかわらず、そのつど政治が「よりよいもの」に向かって再開されうるということそのものにある[5]。このように主体性への我執を解く他者への責任、倫理の働きを、レヴィナスは「神の言葉」とさえ呼んでいる（EN, 241）。

二点においてレヴィナスとブロッホ両者の近接性を指摘することができるであろう。第一に、このデモクラシーが志向するのは、すでにあるものと比べて「よりよいもの」である。レヴィナスはブロッホ解釈において一貫して、いまだない「よりよいもの」へという志向を読み取っていたが、彼自身も同じ仕方でそれを論じている。彼によれば、いかなる厳密な法であれ、その法を生み出した善性の名によって、それをよりよくすることは可能であるはずなのだ。第二に、両者が「デモクラシー」という語によって指し示しているのは、一つの政治体制ではなく、むしろある体制を問い直すことである。ブロッホは夢想的ユートピア論が描く抽象的理想を措定せず、「生成の中」にユートピアを論じようとした。ブロッホのユートピア論の骨子は、無階級社会での人間の調和的存在ではなくむしろ「実存の真の不調和」だとも言うことができる[6]。レヴィナスもまた、何らかの完成した体制を措定せず、体制がつねに問い直されることにこそデモクラシーを見ようとしたのである[7]。

　こうした議論においてレヴィナスがブロッホの名を明示的に引くことはないし、初期マルクスを論じることもないが、「そのつどよりよいものへのデモクラシー」という両者に特有の概念化の近接性は明らかである。では、このように規定されるデモクラシーは、レヴィナスの思想全体においてどのような布置を得るのであろうか。次に見るようにレヴィナスは、タルムード講話においても多数決制度や自由投票などの制度によって論じられる一政体ではなく、イスラエルのような王政を含むあらゆる政体において成立する政治的なものとしてこの概念を用いている。

第二節　イスラエル王国におけるデモクラシー

哲学的な一九八八年のタルムード講話録「国家における国家の彼方へ」においてレヴィナスは、ネゲヴの賢人たちとアレクサンダー王との問答を通して、デモクラシーという語を用いて聖書時代の政治を分析しようとしている。この時代のイスラエルにおける政治は神に選ばれた者としての王が主権者となって行う王政を基盤としており、一見そこにデモクラシーを見出すレヴィナスの挙措は不自然であるようにも思われる。前節で述べたデモクラシーの意義は何らかの拡張を被るのであろうか。本節の課題は、この講話録において彼が提示するデモクラシー概念を明確化し、それがたんなる一政体に留まらず政治の意味である「政治的なもの」としての位置づけを与えられていることを確認することにある。

さて、この講話についていち早く応答したのはまたもジャック・デリダである。彼はレヴィナスの追悼講演「迎え入れの言葉」において、倫理と政治の関係を「裂孔《れっこう》」として論じる中で、当該講話からデモクラシー概念を取り出している。われわれは上記の課題を遂行するために、彼の議論を追うことで、彼がこの講演において問題にしようとするものとレヴィナスのそれとの緊張関係を確認する。そのときわれわれは、両者のデモクラシー概念の外延が政治学的範疇に含まれているのか、あるいは政治学的範疇そのものを演繹するのかを問われなければならない。この点について、O・デカンスのように、デモクラシー論をレヴィナスから発想を得たデリダ独自の問題であると論じる者もあるが、ここで見るようにレヴィナスの議論はデリダと異なる固有の領域と射程があると思われる[8]。

またこれらの議論によって、彼の政治哲学が、タルムード講話において再解釈された、普遍的な意味での「トーラーの精神」を出発点としていることも示される。主として後期に提示される国家論は、一つの宗教哲学の試みとしても構想されていたのである。

国家における国家の彼方へ

一九八八年一二月五日、「国家を問うこと」という全体課題の下で、第二九回フランス語圏ユダヤ知識人会議が開催された。この中でレヴィナスは「国家において国家の彼方へ」というタルムード講話を行っている。この講話で扱われるのは、バビロニア・タルムードの『タミード』編三一b-三二bに描かれる、マケドニアのアレクサンダー大王と、ネゲヴの賢人たちとの問答である。アレクサンダーは、天と地の距離と東と西の距離とではどちらが大きいかなどの困難な問いを賢人たちに投げかけるが、賢人たちはユダヤの知を体現するような仕方でこれに答える。レヴィナスはラビたちによるタルムード解釈を参照しながら、この諸問答の要点が、たんなる神学を超えた、普遍的な政治のあり方にあると論じる。そして、第八の問いにおいて問われているのが「デモクラシー」であると結論づける。

第八の問いにおいてアレクサンダーは「人望を集めるためには何をすべきか」と問う。それに対し賢人たちは「力と権威とを嫌悪することである」と答える。さらにアレクサンダーは「私は賢人たちよりもよい答えをもっている。それは力と権威とを愛し利用することで、人々を篤く扱うことだ」と反駁する（NLT. 62）。この問答について、レヴィナスは次のように解釈している。

　アレクサンダーが問いによって導いた人望という問題が証示しているのが、彼の目に、政治的権威

> は、善それ自体の魅力に還元できないし、たとえば〔この講話の〕対話の始まりにおいて喚起された諸価値を満たすような倫理的動性には還元できないような力を示唆しているということです。アレクサンダーが敢然と考えるところによれば、『サムエル記　上』の第八章第一一節から第一七節において預言者が示したように、政治的権威は断固として恣意的な圧政の核を本質的に含みもっているのでしょう[9]。しかしながらアレクサンダー大王は、この本質的な王の暴力は「よりよい答え」として彼自身提示したような、何らかの誘惑によって気に入られるようなものに変えられうるかどうかと問うのです。ネゲヴの長老たちの答えは、まさしく圧政が気に入られるようなものであったとしても拒むこと、そして最上の人望とはこの断固たる圧政と、それを援用する国家への嫌悪であるとすることにありました。おそらくこれこそ、われわれの扱うすべての対話の中心的な契機でしょう。（NLT, 63）

もしも政治が善や倫理と一致し、それが人望を集めるということになるとすれば、アレクサンダーはたんに政治が善であるにはどうすればよいかと問えばよい。しかし彼はそうはせず、いかに「人望を集めるか」を問う。つまりアレクサンダーは、この問答の前提として「善それ自体の魅力」や「倫理的な動性」に還元できないような政治に本質的な力「王の暴力」、「圧政の核」を認めるがゆえに、何らかの甘言によって圧政という本質にもかかわらず民からの支持を得ることができるのではないかと考えている。これに対してネゲヴの長老たちは、こうしたポピュリズムではなく、政治の中にある圧政という本質を拒み、これを援用する国家を嫌悪することにこそ真の人望が存すると答える。政治にとって本質的であると考えられたはずの「圧政の核」を拒むとはいかなる事態か。レヴィナスは以下のように続ける。

> この否定的な答えは、イスラエルにとって——そしてネゲヴの長老たちにとって——、国家が無政府《アナルシー》に等しいということをまったく意味しえないでしょう。〔彼らにとって〕受け入れうる政治的秩序はトーラー、トーラーの正義、トーラーの士師、トーラーの博学な師たちからしか人間に到来しえないということを意味しています。メシア的政治です。予期、極限なる注意、そして不寝番としての歴史なのです。（NLT, 63）

レヴィナスはこの箇所の国家の否定としてのアナキズム的解釈を否定したうえで、極めてユダヤ的に見える「メシア的政治」なる語を提示する。ただしレヴィナスがこの語をあえて用いるのは、政治のすべてをユダヤ教とその神に帰すためではない。本講話において「トーラーの精神」は「すでに彼が人間であることによってそれを教えるような、あらゆる人間から到来する知」とも言い換えられており（NLT, 59）、ユダヤ的なものとトーラーはつねに倫理に結びつけられ哲学的な仕方で解釈されている[10]。したがってここでもメシア的政治とは、倫理的な語義において解釈されなければならない。つまりそれは宗教的な神聖性や絶対者ではなく「諸人格」へと送り返されるのである。レヴィナスは次のように続ける。

> それは、政治権力につねに「張りめぐらされた」圧政なるものに対する嫌悪です。それは理論的に

> せよ、実践的にせよ――理性から帰結する欠かせないもの、あるいは諸人格の自由と調和し、結局はこの自由の源泉であるような欠かせないものへと還元しえないような秩序に対する不信であり、至上の厳格さなのです。この嫌悪は、われわれが注解しているテクストの周りに書かれたラビの注釈が解釈するところによれば、権力をもつ人間の友にささげられる嫌悪であり、追従と密告からなる、あらゆる堕落した領域であるようなこの友愛にもたらされる嫌悪なのです。しかしそれはより深い仕方では、政治権力に対する批判と監視という高次の段階において理解されうる嫌悪なのです。ここでいう政治権力とは、それ自体正当化することはできないが、人間集団がその多様性そのものによって――さしあたりは――、現実に義務づけられているところの権力です。正当化しえないが避けがたきこの事実上の政治的権威が、それらによって事実上のみずからの権力を行使しうるような、慈悲なき批判と監視です。（NLT, 63-64）

トーラーの精神によれば、政治的権力への嫌悪は二つの側面を有している。一つ目は、政治権力者とその友への、つまり彼らの間の「追従と密告」という堕落した関係への嫌悪であり、二つ目は、この嫌悪によって政治権力が「みずからの権力を行使しうるような慈悲なき批判と監視」である。しかし、倫理的であるためには、たんに一般的な意味で高潔であり、自己批判をしていれば事足りるわけではない。レヴィナスはさらに続ける。

> さてこの権力は、つねに取り消し可能で暫定的な権力であり、不断で定期的な手直しに服するよう

> な権力であります。だからこそ、デモクラシーの輪郭は純粋な圧政の政治へのこうした拒否において描かれるのではないでしょうか。デモクラシーとは言い換えれば、よりよいものに開かれた国家であり、つねに見張られ、つねに革新され、理性に服する自由を放棄するのではなく国家へと委任した自由な諸人格へと、つねに送り返されつつあるような国家です。そして嫌悪という極端な語――権力と強制的な政治的権威への嫌悪――は、ネゲヴの長老たちによれば嫌悪に値する、政治権力の圧政的な規定の、まさしく例外をなすようなデモクラシーの国家を意味するのではないでしょうか。しかし、なんという困難な道でしょうか！　なんと骨の折れる理路でしょうか！（NLT, 64-65）

レヴィナスによれば「人間集団がその多様性そのものによって現実に義務づけられている政治権力」への嫌悪は、「政治権力の圧政的な規定の例外」である「デモクラシーの国家」を意味している。「批判と監視」によって、政治権力は「つねに取り消し可能で暫定的な権力であり、不断で定期的な手直しに服する」ものである。このような権力が、「理性に服する自由を放棄するのではなく国家へと委譲した自由な諸人格へと送り返される」場合、この政治は「国家における国家の彼方」、すなわち「デモクラシー」なのだ[11]。言い換えれば、デモクラシーとは種差において語られるような一政体ではなく、政治の堕落を拒み自由な諸人格の批判と監視を受けることにある。

このようにデモクラシーを人民がみずから政治を行うことにおいてではなく、人民の面前で政治が行われることに見る独自の議論の端緒は、彼の初期草稿の中にすでに見出されうる。「道徳と適合するものとしての国家」という小見出しの下に書かれたメモを参照しよう[12]。

ある存在に出会うこととは、その存在に対して権能を及ぼさないことだ。それはその存在に話すことなのだ。「汝殺すなかれ」が言説の意味である。政治的権能が、そこで他人が支配されるような存在様態であるとしたら、デモクラシーが倫理的関係への回帰であるのは、議会が諸個人の自由を代表するからではない。諸個人の自由の疎外は、政治組織の本質に属している。デモクラシーが倫理的政体であるとしたら、それは議会において、権能がそれを被る者に話されるからである。それは主体が立法者であるからではなく、法が主体に語られるからである。議会は人民が話す場であるというよりも、人民に対して話される場なのである。(CE I, 374)

メモからわかる通り、レヴィナスはデモクラシーを「倫理的関係への回帰」と規定している。さらにその必要条件は通常デモクラシーがそう定義されるように、議会における多数決制や代議士の討議ではなく、法が人民に対して「話される」ことにあると考えている。そして、この「話すこと」とは「出会うこと」、対面において対話者へと責任を負うことである。つまり、政治権力は本質的に他者を支配するものであるが、人民と出会うことで――「出会い」が顕現ではなく痕跡から考えるべきであるにせよ――人民に対して責任を負うことによってはじめて倫理的でありうる。「国家における国家の彼方」におけるデモクラシー論の萌芽をここに指摘しうる。

こうして政治学的なデモクラシーとレヴィナスのデモクラシー概念との距離が明らかとなる。G・アンセルの述べるように、レヴィナス哲学において「自由なデモクラシーの国家」が「国家の諸形態のうちで」特権化されるのではなく、国家の諸形態が各々の諸形態にもかかわらず、デモクラシーたりうる。[13]

それは政体の種差において定義されることのない、人民の前での批判と監視という契機である。

　このようにしてデモクラシーの批判と監視が政治に内在的なモーメントとして位置づけられるとしても、アレクサンダーによるマケドニア王国の統治のような王政と両立することが可能なのだろうか。批判と監視が行われることで人民へと向き直ることさえもが王によって恣意的に行われるのであれば、いかに高潔な政治が行われていようがデモクラシーは王権に従属しており、やはり圧政の誹りを免れないのではないか。

　ところがレヴィナスによれば、奇妙なことに王政の至高権は王にはない。イスラエル王政の始まりを記す『サムエル記 上』の第八章を引くもう一つのテクスト「カエサルの国とダヴィデの国」（一九七一年）を参照しよう。そこで議論はさらに『申命記』へ結びつけられる。

> 王権の観念は、聖書の諸テクストにおいては国家原理を表す。『申命記』第一七章第一四節から第二〇節と『サムエル記 上』第八章には、政治的権力の憲章が含まれている。〔…〕そこでは預言者はこの制度を勧めるのではなくむしろ許可している。〔…〕『申命記』は、〈永遠なる者〉によって選ばれトーラーに忠実な者を王として望んでいる。王はトーラーを「命ある限り読み続け」、自分の兄弟姉妹に対して思い上がることのないようにしなければならない。（ADV, 209–210）

　彼が強調するのは、聖書時代の王政の本質が王権を神の選びによって絶対視することではなく、むしろ王をトーラーに服従させることにあったという点である。ここでいうトーラーの精神が人民の前で政治を行うこと——自分の兄弟姉妹に対して思い上がることのないこと——にあるとすれば、王政にあっても王権よりも人民の方に優先権が与えられていることになるのではないか。同じ理由で、「圧政の核」への嫌悪としての「批判と監視」がアレクサンダーその人によってなされ、ネゲヴの長老たちのいう至上の人望が彼の手中となるとき、彼による為政は王政であると同時にデモクラシーだということになろう。

　このようなレヴィナスの聖書解釈において、王政における王権さえもが服するデモクラシーの原理が明らかとなった。翻ってレヴィナスのデモクラシー概念が指し示すのは、一般的なデモクラシーの定義である「人民」の「力」の主体的な発露そのものではない。むしろ為政者が避けがたく人民に向き直ること、そして圧政に堕するのを嫌悪しながらふたたび政治を行うことにある。ここでの人民の「力」は事後的に遡及的にしか思考しえない倫理的な出発点であることになろう。裏を返せば、政治変革それ自体は倫理的応答の帰結にすぎず、それを実行した為政者とその行為に何らかの力や正当性が帰されることはない。この奇妙な「骨の折れる」理路によってこそ、レヴィナスはアレクサンダー大王やイスラエル王国の王政にさえデモクラシーを見出すことができた。「国家における国家の彼方」におけるデモクラシーの規定とは、そこにおいて政治がいかなる形式をもっていたとしても、人民に対する倫理によって手直ししうるような国家の存在様態である。われわれはすでに、同年の対談録「他者、ユートピア、正義」を参照し、このデモクラシーが彼のユートピア論に位置づけられるということをも確認していたが、この意味でのデモクラシーは一つの政体に還元できず、聖書時代の王政にあってさえ成立しうる。ここにレヴィナスのデモクラシー論の独自性の一つがある。

二つのデモクラシー

デリダは「迎え入れの言葉」において、レヴィナスの後期著作、とくに「国家における国家の彼方」を踏まえつつ、倫理と政治の関係について「デモクラシー」という語を用いて論じた。われわれはこの講演におけるデリダの企図を確認したうえで、彼の取り出したデモクラシー概念が他の政体との種差において考えられているということを確認したい。この読解はデリダの問題提起においては正当であろうが、すでに論じたレヴィナスのデモクラシー論とは異なるものであることになる。

当該講演冒頭において、デリダはレヴィナスのいう他者の「歓待の倫理」と、「歓待の法権利・政治」との関係を中心問題に据えつつ、一方から他方への「基礎づけ、演繹、派生関係の不可能性」つまり「裂孔（hiatus）」から、「決断と責任の可能性」が生まれるということを示唆している（A. 46）。

デリダによれば、レヴィナスのいう「歓待の倫理」は、他者と同じくらい根源的で不可避的な別の他者、第三者によってつねにすでに「法権利としての正義」へと逸脱している。いわば対面による「文字以前の宣誓」に対して、第三者による「宣誓逸脱（parjure）」が起きる（A. 67）。しかもこの第三者は対面に対して二次的に介入するのではない。第三者は、「最初の瞬間からすでに不可避なのだ」。なぜなら、他者は唯一の存在でありながら、社会においてありふれた、「ア・プリオリに複数的」な存在だからだ（A. 190）。じっさいレヴィナスは、この他者と第三者との共時性、相互性について『全体性と無限』からすでに考慮していた（A. 190-191）。言い換えれば、レヴィナスがタルムード講話などで言うように、対面の倫理がシナイにおける契約の倫理であるとすれば、すでにこの倫理に書き込まれた根源的な逸脱としての第三者は、いわば顔とともに「シナイ以前に到来したであろうもの」である（A. 204）。

しかし、たとえ「宣誓逸脱」が根源的に不可避であろうとも、それが「宣誓」においてしか現れえないということもまた強調される。

> 第三者の経験は最初の瞬間から不可避であるが、顔において不可避なのだ。第三者の経験が対面を中断させるとしても、それはやはり対面に属し、自分の中断として、顔に属しており、顔を介してしか生起しえないのである。（A. 190）

このような宣誓における宣誓逸脱が、第三者を介した倫理と政治の関係そのものを示しているとしても、なおも政治において「よりよいもの」を求めることが「必要である」。「ナショナリズムないし特殊恩寵主義」（A. 194）のように、あるいは神権政治のように、倫理からすぐさま政治が演繹されることはないとしても、倫理と政治とを関係づける必要があるのだ。

> この関係〔倫理と政治・正義・法権利との関係〕は必要であり、存在すべきであり、ある政治と法権利とを、倫理から演繹する必要があるのだ。すべてに引用符が付されるとしても、「よりよいもの」あるいは「最も悪くないもの」を規定するために、この演繹が必要なのである。（A. 198）

倫理からの逸脱であるはずの政治の中から、なおも「よりよい」政治を選ぶ必要がある。倫理は、複数の政治の可能性の中にある「最も悪くないもの」を選ぶことを主体に強いる。これがレヴィナスにおける「正義の定義」である（A. 193）。

この国家の方向性は、デリダが「国家における国家の彼方」と考えるレヴィナスの「第三の方向」（A. 186）である。この「彼方」は政治の外でも内でもなく――デリダの言い方を借りれば、政治の「彼方にあるのではなく」かつ「宗教の手前」にある（A. 136）――、政治の境界線が動揺し、踏み越えられるということそのものに存している。タルムード講話「国家における国家の彼方」は、デリダによればまさに講話のタイトルのように「トポロジーの単一性へ挑戦する」（A. 138）。そして彼はここにおいてまさに、レヴィナスが用いる「デモクラシー」という語を参照している。

> 「デモクラシーの国家」、すなわち改良可能性へと開かれた唯一の国家は、唯一の「政治権力の圧政的な規定の例外」として定義されることにもなったのであった。（A. 139）

前節でのわれわれの読解と同じ箇所を参照しながら、デリダはレヴィナスの言葉通り、デモクラシーの国家をつねに圧政であるはずの政治権力の「例外」として規定している。さらに、このことを彼は、「デモクラシーは圧政「よりもよい」のである」とも表現している（A. 198）。デモクラシー自体がそもそも「帝国主義となる傾向」を有しているとしても（A. 145）、あるいは国民国家であるかぎり「無条件な歓待」にみずからを開くことがないとしても（A. 159）、デモクラシーは圧政「よりよい」のである。

以上のようなデリダの読解は、われわれが読解した「国家における国家の彼方へ」のデモクラシー概念と微妙な緊張関係を孕んでいる。われわれはレヴィナスの言葉によって、国民国家の一政体としてデモクラシーを規定し、デモクラシーが圧政「よりよい」と言うことができるのだろうか。デモクラシーとは、圧政と比較可能なものとして主題化されていたのだったろうか。われわれの読解によると、デモクラシーとは政治が本質として抱える「圧政の核」への嫌悪であり、自由な諸人格の面前においてのみ実現する「よりよいもの」への開かれそのものであった。こう言ってよければ、政治がそのつど「よりよい」圧政へと開かれることにこそレヴィナスのデモクラシーは存しており、この意味で歴史において実現することができる。B・ベルゴの述べる通り、デモクラシーは絶え間なくそれ自身を「拡張や改善」に向かわせるようわれわれに参与を求めるということにある[14]。

それに対し、デリダのデモクラシーは未実現の、あるべき政体を指しているように思われる。それはデリダ自身がデモクラシーを論じる際の身振りとも通じている。「来たるべきデモクラシー」に関する彼の議論を、ごく手短に概観しよう。彼によると「来たるべきデモクラシー」はつねに「約束の時間」に属する「来たるべき」ものにとどまり、「デモクラシーが存在するときでさえ」、「けっして実存せず、けっして現前せず、現前しえない概念の主題にとどまるのである」（PA, 339）。ここでデリダは「来たるべきデモクラシー」を政治学的なデモクラシーとは異なった審級に置きつつも、それによって政体としてのデモクラシーを定義するようなものと描く。それはそのつどの自己の問い直しそのものではなく、「来たるべきデモクラシー」から翻って模索される一つの政体のことである。換言すればそれはまた、政治においてつねに働きうるものであるよりは、みずからに反して、みずからの死を導く「自己免疫」のような異常事態、あるいは不可能事である（V, 173）。

このことはもちろんレヴィナスのデモクラシー概念がデリダのそれよりも実現可能性が高いとか、デリダのデモクラシー概念がよりユートピア的であるということを意味していない。そうではなく、レヴィナスのデモクラシーが「来たるべき」超越的時間性に基づいていないということである。それは、飢えた人民たちの切迫に対する〈われここに〉へと遡行する、「他のため」の政治的応答そのものを指し示しているということにほかならない。それは倫理と政治との「裂孔」を倫理の側から埋めることではなく、裂孔を乗り越えることができないにもかかわらず、現実に人民を前にしてそのつどのよりよいものが目指されるということにある。

タルムード講話「国家における国家の彼方へ」において「デモクラシー」が語られたのは一九八〇年代末のことだ。デリダも同時期にみずからの「来たるべきデモクラシー」論を練り上げていく中で、この議論を参照していたが、それをレヴィナスとややずれた仕方で位置づけていた。つまり、一方はそれを一つのありうべき——とはいえつねにいまだ存在しえぬ——政体を指し、一方はある政体がよりよいものへと開かれることそのものを指していた[15]。とはいえ、両者が別の問題を扱っていたというわけではない。むしろ、彼らは正義を問う共通の身振りにおいて、デモクラシーというつねに未規定的な概念に出会いつつも、それぞれの仕方で、彼ら自身の問いの文脈に迎え入れたという方が正確であろうか。

同時にそれは、本節の冒頭で述べたように、宗教哲学の試みでもあった。普遍主義を標榜するレヴィナスは、ユダヤ思想を現代的文脈において読み継いでいくために哲学的に読解することを厭わなかったが、聖書時代の王政の読解においてもその解釈態度は貫かれている。レヴィナス固有の思想において後期に花開いた政治哲学がデモクラシーという概念を問題にするに至ったのは、倫理をいかにして現実の政治において実現するかという、まさにネゲヴの賢人たちの問いに出会ったからなのではないだろうか。この問いに対する彼の応答は、彼のいう「トーラーの精神」を実現させる仕方として、人民の前で政治の批判と監視が行われることにあった。ここにレヴィナスの宗教思想と哲学との一つの合流地点を見出すことができる。

また、デモクラシーをあらゆる政体の中で働きうる倫理的本質として規定することは、国家から独立した原理をデモクラシーに見出すことでもある。デモクラシーを一つの政治的イデオロギーとして理想化するのではなく、議会における多数決原理や自由選挙として形式化するのでもない彼の独自なデモクラシー論は、政治がつねに多数者を前に、多数者とともに行われているという事実に立ち戻ろうとする。そのことで彼は、各々の多様な政治的状況を、政体によらず問い直すための足場をも提供しているのではないだろうか。

第三節　政治的責任と倫理的責任

レヴィナスにおけるデモクラシー概念、すなわち政治の批判と監視をなす、人民に面するデモクラシーという筋立てはその規定からしてレヴィナスの主張通り「骨の折れる理路」であった。政治は計算、比較、平準化によって、みずからを生み出した倫理を国家における制度へと現実化し、このようにして成立した制度を司法として運用する責務を負っている。これが本書のいう「政治的責任」である。すでに述べた有限責任と相互性としての市民性はこの領域で考えられなければならない。さらに政治は生み出された時点から初発の倫理を忘却し、政治の本質である圧政の核が働くことになるために、新たな「倫理的責任」によって政治をふたたびよりよいものへと向かわせる必要がある。

しかし、本節で検討されるように、そのようにしてデモクラシーを論じるために考えられている二つの責任は、じっさいには対立しうるのではないか。この想起の場面において既存の秩序を運用していく政治的責任と、それを乗り越えてよりよいものに更新する倫理的責任とはどちらも倫理に端を発しているが、そのどちらかを選ぶことはいかにしてできようか。この問題はいわゆる倫理と政治のジレンマ――「裂孔」――の繰り返しではなく、政治においてふたたび位置づけられた責任論によってはじめて取り出される問いである。

このことを考えるために再読しなければならないのがレヴィナスのトマス・ホッブズ批判である。レヴィナスはホッブズを一貫して批判しているが、後に検討するように、批判は主として二つの論点に集約される[16]。まずは、ホッブズのいう自然人規定が不十分だとする批判である。ホッブズは自然人として自己利益の欲求にのみ従う「万人に対する狼」の主体を論じるが、主体の権能の外にある他者は倫理の対象とならず、たんに否定的な仕方でしか説明されない点で不合理である。次に、政治的主体がホッブズのいう「万人に対する狼」ならば、原初に打ち立てた契約と同じ資格で、「同じ名のもとで」その契約を更新することができないという批判である。

ところが、第二の論点は別の形で問題となる。それはレヴィナスが行う、あるタルムード講話においてである。彼はそこで、イスラエルの人民が律法を与えられ、その維持と履行について契約する、いわゆる「シナイ山の契約」の場面を読解している。問われるべきは、相互責任によって成り立つこの契約を、初めと同じ資格で更新することが可能かどうかである。つまり、社会契約論と同じく、契約を維持することと更新することとの選択がいかなる権利で行われるかが問題となる。レヴィナスのホッブズ批判に着目する論者は多いが、この論点を扱うことができているものは多くはない[17]。本節はアバンスールによる読解を参照するが、彼の読解もこの論点からふたたび検討される[18]。

制度を更新する正当性

トマス・ホッブズが『リヴァイアサン』（一六五一年）において提出した社会契約論について、まず素描しよう。ホッブズは社会の原理を探るために、自然状態の人間が社会を成立させる場面を想定する思考実験を行う。彼によれば、自然状態の人間とは、互いに行為を規制しあう法制度をもたないがゆえに、各人が自己利益の追求のみを行うような「万人に対する狼」であるという。この状態においては、人間は互いに夜盗や殺人等の可能性によってつねに脅かされているので、安定的に労働と生産とを行い、私有財産を確保するということができない。そこで自然人たちは社会契約と呼ばれる原始契約を結んでみずからの権能を譲渡し、統治機関を設立する。こうして設立された、コモンウェルスとしての統治機関は「狼たち」の権能をコントロールすることによって、それぞれの生活を維持するようになる[19]。また、原始契約に参加していなかったはずの未来世代や、新たにこの原始契約に参加するようになった被征服民などについても、自然的な闘争状態に由来する暴力への恐怖から、同様に同意を得ることができる、あるいは同意を推定できるとする[20]。こうしてホッブズは、いわばフィクションとしての社会契約を想定することで、伝統的な権利関係をいったん棚上げし、共同体による自己統治の正当性を基礎づけた[21]。これがホッブズによる社会契約論の粗描である。

　レヴィナスはこのホッブズの社会契約論を批判し続けている。レヴィナスによれば、ホッブズのいう「万人に対する狼」としての自然人は「相互に牽制しあい、素材として規定されて」ており、その各々は「存在に固執すること、我執（intéressement）」にとらわれている（AE, 5）。このように自分の存在の内部に留まり（inter-esse）、自己利益（intérêt）を追求する我執にとらわれた主体の外部としての他者は、主体にとって「悲劇的で物議をかもす」ような「自由の制限」（TI, 81, EDE, 175）でしかない。この考え方によれば、法制度によって強いられることがなければ、主体が他者へ応答すること、飢えた者へパンを与えることが生じる余地がない。しかし現実の他者は、主体へ制限を課すだけの存在ではない。むしろ主体は、法秩序によらずともつねに他者たちと生き、パンを分かちあっている。この点でホッブズの議論は、正当な前提を欠いている。この種の倫理的な批判は他者論の新規性を哲学史上で明示するために、ときにハイデガーやサルトルの主体性にも向けられるため（TI, 338）、レヴィナスの読者にとってはさほど目新しいものではない。重要なのは次の論点である。

　もっぱら後期においてレヴィナスは、ホッブズのいう主体が、最初の契約を正当に更新できないことを批判する（DMT, 214-215, EI, 74-75）。たとえば、『神・死・時間』に収録された、あるソルボンヌ講義録（一九七六年三月五日付）の中にはこのような記述が見出される。

> 「人間にとっての狼」として人間を定義することから、諸制度を導き出すことができるのでしょうか。暴力による制限から生まれる諸制度、あるいは責任による制限から生まれる諸制度との間にはいか

なる差異が存しているのでしょうか。少なくとも、二番目のものにおいては、それらを生み出したものと同じ名のもとで諸制度に抗することができるのです。（DMT. 214–215）

ホッブズの社会契約論において、「狼」であった主体が自己利益のために自己の権能を「譲渡」して原始契約を結ぶのであるとすれば、この原始契約をそれが結ばれた時と同じように自己利益のために更新することはできない。これはホッブズにおいて、契約後の社会に抗する権利、すなわち「抵抗権」が欠けているとする――ジョン・ロックをはじめとする啓蒙思想家に端を発する――伝統的な批判である。[22]「狼」は原始契約において契約への服従を契約してしまった以上、国家の個人への権能の行使に対する抵抗ばかりか、自己利益に基づく法制度の改正すら不可能となる、つまり、ホッブズの社会契約論には抵抗権が欠けているという批判である。[23]

これに対して、すでに見たようにレヴィナスは、政治において倫理が問われることで、そのつどのよりよいものに向かって更新されるという議論を提示していた。倫理が生み出した政治は、同じ倫理によってふたたび更新されうる。もとより主体は他者たちとの関係において生きているがゆえに、ふたたび他者によってこの関係を更新していくことは、いわば自然状態から前提されているといえよう。このことをもってアバンスールは、ホッブズでは人間規定の「暴力性」のために最初の制度を更新することができないが、レヴィナスでは〈他者のために〉から出発することでこの困難を乗り越えることができると述べている。彼によれば、レヴィナスのいう国家の本質は市民としての主体が既存の政治を乗り越えてゆくことにあり、この意味で倫理的国家は本性上「みずからを超える」構造を有していると主張する。[24]

レヴィナスの「国家の彼方の国家」という表現を正面から受け取る場合、アバンスールの議論は説得的であるように思える。

責任と責任のせめぎあい

　ところが、レヴィナスにもやはり、ホッブズとは異なる理由で、制度の更新を阻む筋立てがある。それは司法を運用していくことの「政治的責任」である。レヴィナスによれば、国家は暴力を避けるための「司法制度と司法手続き」（EL. 140-141）の担い手として要請される。責任を現実化するために制度と手続きがあるのだとすれば、諸制度が「強固にされる」（EN. 241）のは、まさに責任に基づいてであることになる。このことは、本書第一部の有限責任論の中で明確化されたように、制度の中で帰責を制限すること、主体がみずからを気遣うこと、そして、制度に反した主体が回復することにつながりうる。この制度の維持に対する責任を「政治的責任」と呼ぶとすれば、相互性としての市民性において担保されるはずの政治的責任はいかにして倫理的責任によって中断され、乗り越えられるのだろうか。政治的責任の意味がみずからを維持することにあるとすれば、倫理的責任はそれを中断することにあるのだから、両者はレヴィナスのいうようには「同じ」ではないはずだ。この問題設定においてレヴィナスもやはり、ホッブズと同じ問題に出会っている[25]。見方を変えればそれは、フランクフルト学派の批判理論の問題設定——いかにして共同体の内部から共同体を批判しうるか——とも接近しうる[26]。こうした意味でのレヴィナスの政治的責任と倫理的責任のせめぎあいという問題は、いかにして解決しうるのだろうか。

　レヴィナスがこの政治的責任を主題化するのは「契約（Le pacte）」（一九八〇年）というタルムード講話

においてである。この講話ではバビロニア・タルムードの『ソター』三七a－三七bを引きながら、「シナイ山の契約」の場面、すなわちモーセがシナイ山で神から授かった律法の成立と履行について契約し、イスラエルの民による共同体を設立する場面――『出エジプト記』第二〇章第三節から第一七節、または『申命記』第五章第七節から第二一節――が描き直される。レヴィナスはこの場面の歴史的事実性を捨象し、「共同体」と「相互の承認」の問題を取り出す（ADV. 88）。レヴィナスによれば、この場面で人民は共同体を形成する際に「人格的なものの定義そのものとされる自己愛――利己愛――という前提を回避」することができた（ADV. 105）。それはいかにしてか。

　まず、イスラエル成立の契約においてそこにいた全会衆、「六〇万三五五〇もの人間の一人一人」は、それぞれの個別性と主体性において、自分自身にトーラーの四八の条項を引き受ける（ADV. 104）。それと同時に、それぞれが「目を見つめあって」相互にその他の「六〇万三五五〇もの人間の一人一人」の「責任に責任を負う」ことが強調されている（ADV. 105–106）。このことで負うべき責任は四八と六〇万三五五〇と六〇万三五五〇の積となる。さらに、「もし、他者が私の責任に責任を負うとしても、私はさらに他者の負う私の責任を負う」（ADV. 106）ことで、主体の責任はこの法外な数の契約より多く無限に加重される。

　レヴィナスはこの場面について、いわば三重の責任を描いている。それは第一に契約の責任、第二にその契約の成立について相互に負う責任、第三にその相互責任についての責任、つまり相互責任によって成立したこの契約の維持に関する責任である。ここでレヴィナスが、あらゆる主体が負いあう責任の相互性について「強調してやまない」（ADV. 92）ことには注目せねばならない。契約におけるこの相互性があってはじめて、石板に刻まれた法が万人それぞれに対して維持しうる。この相互性を含んだ三重の責任こそ、レヴィナスの政治的責任である。この責任はレヴィナスが折に触れて参照するドストエフスキー『カラマーゾフの兄弟』の一節――「われわれはそれぞれ万人の前で万人に対して罪を負っているし、私は他の者たち以上に罪を負っている」（e. g. AE, 186）――の言い換えにもなっている。他の参照ではこの一節の後半が強調され[27]、「正義を他の人々にも求めるか」との問いには、「他者の態度は、いかなる仕方でも私のア・プリオリな有責性には、私を見つめる他者への私の第一の責任には、関わってきません」と応答される（EL, 120-121）。しかし、当該講話はむしろこの一節の前半部分の相互責任を繰り返し強調している。

　これが前もって示しておいた「政治的責任」であり、たとえ人民が「狼」に変貌したときでさえ彼の相互責任に対して負うような責任である。政治において市民は、当初の政治を生み出した責任のみならず、それぞれが法を逸脱した際に規範の担い手となって司法の裁きを与える責任をも負う[28]。政治的責任とは、このような相互責任の維持のための責任である[29]。

　政治的責任が及ぶ範囲は、「イスラエルの全民衆」にとどまるわけではない。トーラーが七〇人訳聖書（Septuaginta）によって「七〇の言語」で翻訳され、ギリシア世界へ広まっていったように、「シナイ山の契約」は契約を取り結んだイスラエルの「互いに見つめあう一二の氏族」のみならず、「すでに全人類を前にしており、全人類へと開かれている」（ADV, 95）。ここでふたたび、ユダヤ民族固有の歴史の正当化にさえ見えかねない「シナイ山の契約」の読解に対して、留保が付される。描き出されているのは、「人間である者たちは真に人間的な法の前にお互いに応答する」（ADV, 104）ということである。じっさいにはイスラエルの民のみがここに集っていたとしても、その場面の意味には、「人間であるものたち」のすべてが関わっているのである。

レヴィナスは、政治的責任の範囲について、翌年の講話「聖書に場所を得ること」（一九八一年）においてさらに考察を加えている。彼によれば、他者へと責任を負った主体たち――「義人たち」ないし「善意の人間たち」――は、「シナイ山の契約」の物語へと「すでに同意している」(HN, 39-40)。つまり、倫理的責任は、それが生み出した政治的責任と矛盾しない。言い換えれば、政治化された倫理は、初発の倫理と区別されるものではなく、また反対に、政治的責任は新たに政治を更新するような倫理的責任を容れるのである。ホッブズの社会契約論が、「暴力への恐怖」に由来する同意の推定によって原始契約の範囲を拡大していたことを思い起こそう。レヴィナスはそれとは異なり、倫理的責任と政治的責任の同一性から同意を推定するということになるであろう。

「契約」の読解において明確化されたように、レヴィナスは制度の更新を、責任の同一性によって正当化している。しかし、この説明は正当だろうか。政治を更新しうる倫理的責任は「シナイ山の契約」の責任とは決定的に異なっているのではないか。倫理的責任を負った主体が制度を更新する際、この更新はつねに政治的責任を中断させ、司法の運用を宙づりにしていることになるが、それは政治を中断させないこととして規定される政治的責任を本質的に裏切っていることになりはしまいか。この問題は政治を担う「市民」と、それを問い直す「他者」の比較という問題である。彼らはどちらも責任の相手方であるが、同じ意味で「他者」であるというわけではない。この問題が示しているのは、共同体の内部で他者が現れえないということではなく、同じ責任の名のもとにあるにもかかわらず、政治を維持する責任と、政治を更新する責任とが対立しうるということだ。第一部で問題化した「隣人の隣人」の比較不可能性は、国家においては倫理的責任と政治的責任との共約不可能性として問い直されなければならない。ある「隣人」に対する責任は、「隣人の隣人」とすでに相互に負っていた責任と対立しうる。この意味で「隣人たち」はけっしてそれぞれ純粋な形で現れることはないのである。

そうだとすれば、レヴィナスに忠実に読解しようとするならば、彼自身の言葉に一見反しているが、政治的責任と倫理的責任の対立は解決せず、むしろ市民と他者、両者への責任のせめぎあいこそがデモクラシーを成立させるのではないか。このせめぎあいが解消しえないのは、その対立の外部において、両者がいかなる仕方であれ対立を調停する基準をもつことができないからである。デモクラシーは政治における「圧政の核」を倫理的責任へとふたたび目覚めさせることにあるが、このとき市民と他者のどちらかを優先すべきであるという基準が存在するとしたら、この倫理もしくは政治を外から比較する第三の視点が必要となる。この視点はせめぎあいを倫理もしくは政治へと還元することになろうが、そのことは不可避的にみずからを倫理と政治とから分離し、絶対化する。それは倫理と政治のせめぎあいを内在とし、それを審判する視点をそこから超越する審級に位置づけることで、レヴィナスが批判した「根源的偶像崇拝」（SF. 77）としての偽なる形而上学を打ち立てることにほかならない。第三の視点は分離された絶対的なものとなり、当初のせめぎあいを遡及的に還元し無力化してしまう。このときいかなる解決がなされたとしても、このようにして新たな視点は政治と倫理を統一化し、単一化することで調和させてしまうのである。レヴィナスにとって、このような「ハッピーエンド」（happy end）で終わる文学的理念」は思考しえない（SA. 56)。

レヴィナスにおいて思考されるべきは、調和的なデモクラシーではない。そうではなく、つねに既存の政治的責任と倫理的責任のせめぎあいの場でありうるような、いわば分断を孕んだデモクラシーである。レヴィナスの倫理はあたかも、「シナイ山の契約」のように調和的かつ相互的に、すべての人間による全会一致によって、あるいは人々の「責任の制限」(DMT, 214) もしくは「慈愛」(SA, 38) によってよりよい政治を生み出すかのように語られるが、政治的領野においてそれは、そのつどつねに一つの闘争――ホッブズとは異なる意味での――にほかならない。倫理的責任による政治の更新が可能であるとすれば、それは同じ名のもとに、しかし同時にその名に抗してでなければならないのである。

注

[1] たとえば、Georges Hansel, « Éthique et politique dans la pensée d'Emmanuel Levinas », op. cit., pp. 186–188 あるいは、Corine Pelluchon, *Pour comprendre Levinas*, op. cit. を参照のこと。これらの著作は、レヴィナスのデモクラシー概念を明確化するには至らないまでも、その重要性を指摘している。

[2] Ernst Bloch, *Das Prinzip Hoffnung*, op. cit., p. 1608.

[3] ブロッホは『新ライン新聞』編集長期に顕著な初期マルクス自身のデモクラシーへの傾倒をマルクス後期思想にまで読み込もうとしている。*Ibid.*, p. 1607–1608.

[4] レイもブロッホのユートピアが「デモクラシー」に場を得るということに一言注目を促しているが、それについて議論を展開してはいない。次の論考を参照のこと。Jean-François Rey, « L'utopie et la mort », op. cit., p. 142.

［5］たとえば、G・アンセルによればレヴィナスのデモクラシーは「改良、完全化、その固有の正統性の問い直しという内的な諸メカニズムを有するもの」と定義される。Georges Hansel, « Éthique et politique dans la pensée d'Emmanuel Levinas », op. cit., p. 186. 別の論者によれば、それはこうした問い直しのために、「異他的な主張に対して開かれているべき」政体を指す。Pascal Delhom, “Necessity and Legitimacy of the State,” op. cit., p. 88. また、レヴィナスの正義論の強調点が苦しみや悪への「用心（vigilance）」にあったとし、その企図は「制度の失敗」へと応答することにあったとする次の論考を参照のこと。Adina Bozga, « Levinas on altruism, suffering and evil », in R. Burggraeve et al. (dir.), *Levinas autrement*, op. cit., pp. 203–221.

［6］小田によれば、ブロッホは「実存の真の不調和」から独自のユートピア論を立ち上げていた。小田智敏「自然と技術――ハンス・ヨナスのブロッホ批判の検討」『ヘーゲル哲学研究』七号、二〇〇一年、三八-五一頁。

［7］ドゥロームもまた、レヴィナスの国家の「開かれ」が「よりよいもの」へと向かうものであること、さらにそれが「デモクラシーの基礎」をなしていることについて論じている。Pascal Delhom, “Necessity and Legitimacy of the State,” op. cit., pp. 75–91. ただし、彼がレヴィナスにおける国家を、つねに正統性を欠いたものと論じていることについては疑問がある。むしろ、後にわれわれが見る「政治的責任」についてもまた、問うことができるのではないか。

［8］「つねに来たるべき（未到来の）デモクラシーは、しかし、つねにすでにそこにあるが、それはレヴィナスが政治的なものの隙間において主張したものであるばかりか、政治そのものにおいて主張したものである」（Olivier Dekens, *Politique de l'autre homme: Levinas et la fonction politique de la philosophie*, op. cit., 2003, pp. 51–52.）。ただし、ここでデカンスは、この問題をデリダによって扱われた「レヴィナスに端を発するが、レヴィナスに反する」問題であると位置づけている点で不満が残る。

［9］サムエル記の当該箇所は、イスラエルの民が、預言者サムエルに王を要求する場面である。王を立てた場合、彼らの家族、家畜、財産の一部を没収したうえで王のものとし、そのことで彼らを王の奴隷となすことになると

サムエルは宣告する。にもかかわらずイスラエルの民は、裁き、戦いを率いる王を要求した。こうしてベニヤミン族から選ばれたのが、イスラエル初代国王、サウルである。

〔10〕この講話のみならず、ユダヤ的「普遍主義」を標榜するレヴィナスは、つねに「歴史的事実性とは無関係に」（HN, 48）タルムードを読解する。また、レヴィナスが「ユダヤ人」に言及する場合、それは事実的・歴史的なユダヤ人のことではなく、前述の意味での、他者に対する「責任」、「道徳的意識の特性そのもの」のことを指している（DL, 43, 266）。レヴィナスは宗教者としての「ユダヤ思想家」ではなく「ユダヤ哲学者」を自称しつつ、こうした主張をあらゆる著作で繰り返し述べている（cf. EL, 130-131）。しかるに彼の主張に対してさらに、「ユダヤ」という歴史を背負った固有名を用いることの是非を問いうるであろう。

〔11〕ここで、自由の委譲とその問い直しという主題に、レヴィナスによるホッブズ批判を結びつけることができるであろう。レヴィナスによれば、ホッブズの契約論では自由は主体同士の闘争から国家へ委譲されるため、この国家を同じ自由の名のもとに問い直すことはできない。それに対し、レヴィナスのいう自由は、他者への責任に服する自由――理性に服する自由――であり、責任に基づいていったん国家へ委譲されたとしても、同じ自由の名のもとにこれを問い直すことができるのである（DMT, 214-215）。この点については後に詳しく論じる。

〔12〕この束Bのメモ七〇は、全集の注釈によれば一九五一年に書かれたものであると推測される（CE I, 374）。

〔13〕Georges Hansel, « Éthique et politique dans la pensée d'Emmanuel Levinas », op. cit., p. 186.

〔14〕ベルゴは、クリッチリーの政体としてのデモクラシー解釈を批判しつつ、そうした現実の政体とは異なる形で正義の前提としてのデモクラシーを論じている。Bettina Bergo, *Levinas Between Ethics and Politics: For the Beauty that Adorns the Earth*, Pittsburgh: Duquesne University Press, 2003, p. 275. ただし、デモクラシーが正義の前提として「つねに」働いているとする点には同意できない。

〔15〕「ユダヤ教と革命」（一九六八年）の読解から、レヴィナスの国家論をユダヤ的伝統に位置づける論者もいる。す

なわち、ラビ・ユダヤ教の聖典の成立基盤にある討論、すなわち「声の連鎖（chain of voices）」は、たんなる乗り越えや要約ではなく受け継ぎであり、この作為全体がユダヤ的国家である。次の論考を参照のこと。Annette Aronowicz, "Judaism, the Jewish People and the State. A Reading of Emmanuel Levinas' Talmudic Commentary "Judaism and Revolution"," in J. Hansel (ed.), *Levinas in Jerusalem*, op. cit., pp. 91–108. 離散後のユダヤを統一する契機としての討議的聖典の意義は認められようが、当然レヴィナスの国家論はこのようなユダヤ史にのみ資するわけではない。

〔16〕レイは「レヴィナスの著作は〔…〕明示的に、そして幾度かに渡って、「反ホッブズ」の議論でもある」と述べ、レヴィナスによるホッブズ批判を手際よくまとめている。Jean-François Rey, *La mesure de l'homme: L'idée d'humanité dans la philosophie d'Emmanuel Levinas*, Paris: Michalon, 2001, p. 202.

〔17〕このように彼の読解に従ってホッブズとレヴィナスを対照させる論考は多数ある。Olivier Mongin, « Comment juger? « ... pour le peu d'humanité qui orne la terre » », in J. Rolland (dir.), *Les cahiers de la nuit surveillée n° 3*, op. cit., pp. 282–300; Étienne Feron, « L'événement », op. cit., p. 131; Roger Burggraeve, « The Other and Me: Interpersonal and Social Responsibility in Emmanuel Levinas », in *Revista Portuguesa de Filosofia T. 62*, 2006, pp. 631–649. しかしこれらにおいて本章の述べる政治的責任の問題は明らかになっていない。

〔18〕Miguel Abensour, « L'extravagante hypothèse », in N. Frogneux et F. Mies (dir.), *Emmanuel Lévinas et l'histoire*, op. cit., pp. 161–187.

〔19〕Thomas Hobbes, *Leviathan: Or the Matter, Forme and Power of a Common-Wealth Ecclesiasticall and Civill*, Hamilton: Department of Economics of McMaster University, 2004[1651], chap. 14, pp. 79–87.

〔20〕*Ibid.*, chap. 20, pp. 122–128.

〔21〕永尾によれば、ホッブズやルソーは、ロックとは異なり、原始契約の「擬制的性格」を自覚していた。永尾孝雄「カント法哲学における社会契約と国家」『アドミニストレーション』二一巻二号、二〇一五年、八一–九〇頁以

下を参照のこと。

［22］ただし、このホッブズ解釈の是非、つまりホッブズにおける「抵抗権」の有無については、古くから議論が分かれている。革命権を主張したジョン・ロックはもちろんのこと、たとえばC・シュミットなどによっても否定的に論じられている（Carl Schmitt, *Der Leviathan in der Staatslehre des Thomas Hobbes: Sinn und Fehlschlag eines politischen Symbols*, Hamburg: Hanseatische Verlagsanstalt, 1938）が、その存在を肯定的に論じる者もいる。Peter Cornelius Mayer-Tasch, *Thomas Hobbes und das Widerstandsrecht*, Tübingen: J. C. B. Mohr, 1965.

［23］長尾は、ホッブズが「生存権」を自然権と見做していることから、ホッブズの社会契約論においても、生存権に反する意志表示や社会制度を否定しうると論じる（長尾龍一「「敵対刑法」論とトマス・ホッブズ」『ノモス』二七号、二〇一〇年、七頁）。また吉田のように、ホッブズには双方の読解を支持するテクストがあるとする立場もある（吉田達志「抵抗権思想とホッブズ」『名古屋工業大学学報』四一号、一九八九年、六九–七七頁）。

［24］Miguel Abensour, « L'extravagante hypothèse », op. cit., p. 177.

［25］ドゥロームもやはり、この問題についてレヴィナスとホッブズの近接性を見ている。にもかかわらず彼は、国家の維持には正統性を認めず、国家が「開かれること」のみを論じている。われわれが本節で見るように、レヴィナスがまさにこの維持を「責任」として語ることに重要な意味があると思われる。Pascal Delhom, "Necessity and Legitimacy of the State," op. cit., p. 81.

［26］レヴィナスとフランクフルト学派の共有する論点については、次の二つの議論を参照のこと。C. Fred Alford, « The Opposite of Totality: Levinas and the Frankfurt School », in *Theory and Society*, Vol. 31, No. 2, April 2002, pp. 229–254; Andrzej Leder, « Face à ce qui traumatize: Levinas, Benjamin, Freud », in R. Burggraeve et al. (dir.), *Levinas autrement*, op. cit., pp. 111–123. これらはレヴィナスの倫理学をフランクフルト学派の理論から解釈し直すことで、その射程を一般化しえている。

［27］P・ブーレッツはレヴィナスの読解においてとくにこのシナイ以来のトーラーに基づく「責任の責任」を際立たせている。Pierre Bouretz, *Témoins du futur: Philosophie et messianisme*, Paris: Gallimard, 2003, p. 920. 本稿の強調点はこの二重の責任を踏まえたうえで相互責任が主張されるところにある。

［28］N・フロニュは、社会契約ののちに主体の暴力が制限されるという点では、ホッブズとレヴィナスの国家論とが裏表の関係であると指摘している。Nathalie Frogneux, « Limiter ma violence », op. cit., pp. 189–191. また、デカンスは他者が政治における暴力によって裁かれる点でレヴィナスはホッブズと接近すると述べる。Olivier Dekens, *Politique de l'autre homme: Levinas et la fonction politique de la philosophie*, op. cit., pp. 32-33. 政治的責任に関して、また政治の更新に関して議論の展開が不十分であるとしても、彼らの指摘は正当である。

［29］すでに述べたように、このような共同体の成員をレヴィナスは「市民」と呼んでいた。渡名喜の先駆的論考は市民の「正義の空間」を適切に論じている（渡名喜庸哲「光の地平の此岸と彼岸――エマニュエル・レヴィナスの現象学と政治思想についての一考察」『年報地域文化研究』九号、二〇〇五年、一八九-二〇八頁）。この空間の「現象性・普遍性」は「特異的・唯一的なものからその他性を奪う」契機をもつがゆえに、他者への責任とは異なる次元に位置づけられる。本章が指摘するのは、それにもかかわらずなお、この空間が責任の名において語られることの意味である。

第九章　不協和のデモクラシー
——クセナキスとともに

レヴィナスの構想した社会構造は、言うなれば顕在化しうる社会的分断の存在を前提としている。正義はそれを打ち立てたのと同じ原理でふたたび問いに付され、市民性と他者関係、政治的責任と倫理的責任、複数性と単一性の間の複合的な亀裂を露呈しうる。したがって、よりよい政治はつねにそのつどのものであり、通俗的ユートピア論のように歴史の外部もしくは終焉に調和的で単一的な社会を想定しえない。むしろ調和的な社会は、みずからをかき乱す他者の存在を障害として排除する、全体主義的傾向を有している。レヴィナスは彼の初期の著作から一貫してこの調和への危惧を表明している。一九四七年の『実存から実存者へ』において彼は、「われわれ」、「仲間」、「第三項」への合一化のことを「融即（participation）」と呼んだ（EE, 137）。みずからと異なる存在への自己同一化による諸人格の共同性は、L・レヴィ＝ブリュールから借りたこの人類学的術語によって示され、他者との関係の根源性と対置される[1]（EE, 85）。

この筋立ては、同様の仕方でレヴィナスの音楽論にも見出すことができる。そこで、本章ではレヴィナスによる、調和を拒む音楽、いわば不協和の音楽の思想において、彼の政治哲学の「対旋律」を探ってみたい。そのことによって、現代音楽の作曲者であり、ギリシアの民主的闘争を音楽において描いたヤニス・クセナキス（一九二二－二〇〇一年）とレヴィナスとの接点が見出されることになる。

第一節　不協和の音楽論

レヴィナスによれば、音楽は一般に、音をみずからの一要素として包摂する。「音楽における音はもはや雑音ではない。そうした音はもはや諸対象の秩序とはまったく異なる紐帯と総合を持ちうるのである」――「カントの心理学」の感覚論とは異なり、音はたんなる感覚ではなくリズムや抑揚の要素として感覚されるのである（EE, 75）。さらに音楽は音のみならず、それを聴き取る主体をも包摂しようとする。「現実とその影」（一九四八年）を引こう。

> リズムは同意や引責や自主性や自由を語ることのできない唯一の状況を表象している。――それは主体がリズムに摑まれ、虜になるからである。主体は自分の表象の一部となる。リズムの中では自己はもはや存在せず、自己から匿名性への移行のようなものが存在するのであるから、それはみずからの意に反してでさえない。これこそが詩と音楽における魔術や呪術である。（IH, 111）

このようにレヴィナスはリズムを主体性を包摂するよう誘うものと規定し、ここにこそ音楽の熱狂の本質を見る。理性を宙づりにする音楽的リズムは、他者との関係そのものである根源的な「語り」に対置される。「語りは切断であり開始であり、対話相手を魅了し熱狂させるリズムとの切断である。散文なのだ」（TI, 222）。音楽が倫理とは異なる原理であるのは、ひとたび主体が匿名性に合一化してしまえば他者のための主体性を前提とする倫理が無に帰してしまうからである。レヴィナスは芸術を世界からの主体の離脱《デガジュマン》ないし切り離しへと誘うものとして語っている。ただじっさいには、主体は主体性とそれを内包する現実に繋ぎ止められており、そこからの不可能な乖離は幻想――「目覚めて見る夢」――のごときものでしかない（IH, 112）。

このような筋立ては一見、音楽における調和的合一を重視するユダヤ的発想からかけ離れているように思われる。たとえばレヴィナスが参照してやまない『救済の星』（一九二一年）の著者F・ローゼンツヴァイクは、第二巻第三章の「合唱形式（Chorform）」と題された節において、神の賛美としての言語行為を次のように論じている[2]。

> 語る者から事物へと向かう語りでも、二人の間を行き来する対話でもなく、こうした〔「神はよきもの」の発語の〕場合の文法は、一節ごとに高揚する歌として現れる。そしてそれはつねに複数人の歌である根源的な歌（Urgesang）である。個人が歌うのではない〔…〕。しかし本来、歌は調子と呼吸を同じくする多声的なものであり、歌の共同性の形式は、そのあらゆる内容から超越している。さらに、内容はそれ自体この形式にとっては理由にすぎない。ひとは何らかの特定の内容について共同で歌うのではなく、共同の内容を探し求めることによって共同で歌うことができるのである[3]。

「神はよきものである」という基幹文（Stammsatz）は、それを語るのが被造物である以上、つねに真であり続ける。それは対象化と主題化を行う語りや対話ではなく、一節ごとに高まっていく「歌」でなければならない。被造物のあいだの関係は、内容から生まれる共同性ではなく、歌う内容を探し求める共同性である。このように主体の個別性を保ったままで調和する合唱をモデルに、ローゼンツヴァイクは「それ」、「あなた」、「私」の単独性やはじめから規定された有限な「われわれ」の全体性からではなく、つねに人格的関係を想定しうる共同性から共同体を思考しようとした。つまり彼は根源的な歌がつねに「合唱」であると考えることによって、人格的関係を拒むことのない——独唱からではない——主体性を構想しようとしたのである。古代よりシナゴーグでの礼拝音楽が楽器ではなく歌を重ねることを重視してきたことを併せてみると、ローゼンツヴァイクの主張はユダヤ独自の合唱文化と一致すると考えてよかろう。[4] だとすればレヴィナスの主張はこのような思考とは相容れないように見える。彼の主張によれば、このような礼拝における合唱でさえ、音楽である以上は主体性をリズムへと調和させることになるからである。

　ところが奇妙なことに、レヴィナスは主著においてある楽曲を例外的に評価している。それはクセナキスによる『チェロ独奏のためのノモス・アルファ』（一九六六年、以下『ノモス・アルファ』）である（AE. 52）。『存在の彼方へ』でレヴィナスはこの曲を次のように評している。

> たとえばクセナキスの『ノモス・アルファ』において、音楽は発せられた音符の質を副詞へと転じ、あらゆる何性は様相性となり、弦と木は音響性の中へと消えてゆく。何が起こっているのか。みず

からの軋みを静めて全体的調和へと資する同一性の中で継起するほどであったのに、もはやメロディーラインに溶けてしまうことがない音符たち、砕ける音。その根底において魂は喜び、狂喜するのであろうか。それは疑わしい擬人化やアニミズムにすぎない！　みずからの弦と木の中で震える音響性において、チェロはチェロである。たとえこの音響性がすでに、高音から低音へと音の高さに応じて自然な場所に整列する音符という同一性に堕しているとしても。このようにしてチェロの存在すること、すなわち存在することの様相性はこの作品の中で時間化する。（AE, 52–53）

　レヴィナスはこの作曲家を息子ミカエルを通じて知ったというが[5]、このように彼が音楽を具体的に批評する例はほかになく、この伝記的事実を差し引いてもその内容の特異さは際立っている。参照箇所において彼は、音楽的旋律の調和へ溶けてしまうことなく聴こえる音によって成立する楽曲として『ノモス・アルファ』を描写している。むしろこの楽曲の価値は音そのものの「軋み」、「破砕」の中に見出され、一つの楽曲として提示されているにもかかわらず、すでに述べた音楽的調和とリズムとに抗しているかのようである。たしかに、この楽曲でさえ芸術作品である以上はそれを取り巻く状況としての世界を喪失しており、それ自体の存在することは「孤立において」のみ時間化するとしても（AE, 53）、つねに「探究の途上にある」ような存在様相である「現代芸術」（AE, 52）の一つのモデルとして、伝統的な芸術の在り方とは異なる境位に置かれている。

　次に見るように、レヴィナスが楽曲の本質にあると聴き取った非調和的要素――本書ではこれを「不協和」と呼ぶ――はクセナキスがまさに意図したところであり、彼の政治思想を独自の仕方で忠実に反映しており、また一般にもそのように受け取られてきた。フランスで活動したギリシア人である以上に音楽的にもその名の通り「異邦人」であったクセナキスは[6]、いわゆる「前衛的な」現代音楽の中でもとりわけ特異な音楽論を展開した作家であった。そこでわれわれは、彼の作品がいかなる意味で調和を拒むのかを明らかにしたい。そのことで、レヴィナスとクセナキスの政治思想が、この不協和を介して反響しあっていることが理解できるだろう[7]。

第二節　デモクラシーのノイズ

一九二二年、ギリシア人の両親のもとに生まれたクセナキスは、一九四一年にはギリシアに侵攻してきたイタリア、ナチス・ドイツへの抵抗運動を行う「民族解放戦線」に加わる。一九四五年には激しい爆撃に巻き込まれて左目を失明し、聴力にも障害を負うが、このときの経験は後に見るように彼の創作活動へと大きな影響を残すことになる。戦争が一応の終結を見ると、彼は今度はギリシア独裁政権へのレジスタンス運動に身を投じるが、この活動によって政治犯として本国から死刑宣告を受け、一九四七年にパリへと亡命することとなる[8]。

パリにおいてクセナキスはル・コルビュジエに師事し建築士として活動する傍ら、オリヴィエ・メシアンらによって現代音楽作曲家として薫陶を受ける。両方の活動においてつねに彼の発想の基礎にあったのは数学的手法であった。次第に現代音楽界でそうした彼の独特な作曲法が評価されるようになり、ある楽曲によって彼は現代音楽の歴史にその名を記すこととなる。それが『メタスタシス』（一九五四年）

である。C・ペイヨンはその受け取られ方を「一種のトラウマの効果」と評している。

> 一九五五年一〇月一六日、その作品はドイツのドナウエッシンゲンで創られた。その絶対的で受容しがたい新しさのために、ハンス・ロスバウトの指揮の下での演奏はスキャンダルとなり、自己陶酔的な傷と呼ぶにふさわしい、一種のトラウマの効果を生んだ。『ル・モンド』誌においてジェラール・コンデは「消化できない」と評した。[9]

伝統的な西洋音楽に触れてきた者ならば誰もがクセナキスの音楽の異質さを聴き取るであろう。オーケストラの楽器編成で演奏されているにもかかわらず、そこではメロディラインや調性、リズムのような通常音楽に不可欠とされる要素が解体かつ再構築されており、むしろ雑踏や自然音、ノイズに近い音——「砕ける音」——が聴き取られる。クセナキスは確率論を土台としたグラフや図表を用いて、従来の音階や人間の感覚器官を基準とした作曲技法とは異なる独自の楽曲を作り上げ、一躍現代音楽の寵児となる。

さて、彼はある対話において『メタスタシス』の制作意図について次のように述べている。

> 『メタスタシス』は作曲家としての私の人生の出発点ですが、音楽によってではなくむしろナチスのギリシア占領の期間に得た印象によって触発されています。ドイツ人たちはギリシアの労働者たちを第三帝国に取り込もうとしていました——そしてわれわれはそれに対して大規模なデモを展開

してどうにかそれを阻止しようとしました。群衆（masse）がアテネの中心に向かって行進をする音、叫ばれるスローガン、その後にはナチスの戦車が現れた時の断続的なマシンガンの射撃、混沌です。何十万人の人々による規則的でリズムをもったノイズが、何らかの幻惑的な混乱へと変容していくのを私はけっして忘れることはないでしょう……。それらのすべてがいつかふたたび表面化して音楽になるなどと、私は考えたことがありませんでしたが、この音楽が『メタスタシス』です。一九五三年から四年の間に作曲したこの曲を私が出発点と呼ぶのは、そのときはじめて音楽に群（masse）の概念を導入したからです……。オーケストラのほとんど全員がソリストであり、大部分においてピッチカートとグリッサンドを演奏する弦楽器においては完全なディヴィジ〔＝同パート内で別々の演奏をすること〕を用いました。[10]

『メタスタシス』はその名が示す通り、「変容」を表現していた。この曲が描くのはナチス・ドイツのギリシア占領と、それへの抵抗運動において作曲者自身が経験した、日常的な街の景色とリズムが混沌へと変容していく場面である。前述のように緻密な手法で作曲されているにもかかわらず、曲の中での弦楽器は逃げ惑う群衆の叫びや銃器のノイズのように所かまわず金切り声やうなりを上げている。さらに、N・マトシアンによる伝記『ヤニス・クセナキス』においては、一九七二年の対談が参照されている。

アテネ――反ナチスのデモ――において、何十万もの人々がスローガンを唱えており、それは巨大

> なリズムのごとくみずからを産出し続けていました。それに続いて敵との戦闘です。リズムは鋭い響きをもったとてつもない混沌――銃弾のいななき、マシンガンの発射音――の中へと破裂します。音は分散し始めるのです。ゆっくりと静寂がふたたび街に降りてきます。それらの音の出来事はたった一つの音の観点からのみ採取されて他の側面からは切り離されており、大量の個別的な音から作り出されるにもかかわらず分離して知覚されることなく、それらをふたたび統合して新しい音を形成することで全面的に知覚されうるのです[11]。

マトシアンが要約するところによれば、このとき彼が結論づけたのは「唯一無二の混合された生ける音を生んだのは〔…〕膨大な出来事の特徴的な配分である。それは、空間的に動く巨大な舞踊へと参与しつつ、混交と比率へと絶えず変化していく、数多くの異なる構成音である」ということだった[12]。クセナキスは、メロディやリズム、オーケストレーションといった西洋音楽の歴史的な構成物を変容させ、再構築するために、それぞれの要素に数学的処理をほどこし、このような配分を得た。それによって表現されたのは、ナチスのアテネ占領に対する反ナチス闘争の場面であり、その不協和である。クセナキスは対談などにおいてこのことを繰り返し述べているが、高橋悠治は次のように要約している。

> ヤニス・クセナキスの文章は、音楽と建築の創造的過程を語る。背景には、古代ギリシア哲学、現代ギリシアの政治状況、独裁体制やファシズムとたたかった地下活動体験、亡命者の孤独のなかから作り出した思想と方法がある。デモや武装闘争の記憶、複雑な自然現象や社会の暴力の経験から

創られた独自の音楽や建築には、確率論や統計数学をはじめとする数学を使って、多数の粒子が一見無秩序に飛び交う空間、乱流やノイズを、意志と方向をもって統御している。安定した社会のいままでの音楽や建築が知らなかった、揺れ動く不安な社会、さまざまな文化がぶつかりあう難民や亡命者の世界が作り出した芸術のあたらしいかたちの一つと言えるだろう[13]。

　高橋が述べるように、クセナキスはみずからの政治的経験を確率論の応用、弦楽器のグリッサンド、音のランダムに見える跳躍といった音楽的要素に独自の仕方で反映させた稀有な作曲家の一人だった[14]。印象的なディヴィジを含めて、こうした諸要素は後の彼の作曲の本質的な要素を為すものであり、レヴィナスの扱った『ノモス・アルファ』にも引き継がれることになる。したがってクセナキスの表現における「砕ける音」が表現するものとは、デモクラシーのための闘争において顕在化した社会的分断だったのである。

　われわれが次に考えるべきは、一九六〇年代末以降、とりわけ『存在の彼方へ』の執筆時期において、クセナキスの創作活動が一般的にどのように評価されていたかである。時代を知らない読者にとって、クセナキスの名は本書においてやや唐突に登場するように見えるが、レヴィナスの参与していた歴史的状況において彼の音楽はどのように受容されていたのか。それを問うことでわれわれは冒頭に引いた一見些細な参照をその具体的状況に引き戻し、その時代に即した読解可能性を論じることができる。

第三節　若者たちの運動

レヴィナスとクセナキスが歴史において交叉する場、それは一九六八年のパリである。ナンテール大学の学生らが主導したド＝ゴール政権への抵抗運動、いわゆる「五月革命」の火花が広がっていく前年、レヴィナスはリクールの紹介でナンテールへ赴任していた。したがって大学封鎖が行われた一九六八年において、彼はそうした状況を横目に『存在の彼方へ』に結実することになる諸々の論考や草稿を執筆していたことになる。たとえば「身代わり」（一九六八年）[15]、「存在の彼方へ」（一九七〇年）[16]、「語られたことと語ること」（一九七一年）[17]、「近さ」（一九七一年）[18]、「証言」（一九七二年）[19]などの論考はこの時期に書かれたが、それぞれ書き改められて『存在の彼方へ』に収録されている。

一方でクセナキスは『ノモス・アルファ』（一九六六年）を発表し、作曲家としての地位を確固たるものとしていた。そればかりか、彼の音楽的特徴は「前衛」として、社会的抑圧への抵抗運動の中で祀り上げられることになる。

> 「前衛」と、明白に革命的な政治との関係を理解しようとする試みに対して、クセナキスがこのように有用な研究対象である理由は、その美的可能性（あるいはその欠如）を離れて、六八年五月の参加者たちが彼らの活動とこの作曲家とを直接関連づけたからである。パリで発見された落書き「グノーでなくクセナキスを（Xenakis not Gounod）」はその一例である。[20]

国立音楽学院の壁に書かれていたこの落書きが示すのは、現代において音楽学徒に教えられるべき作曲家はフランス近代を代表する歌曲作家であるシャルル・グノーではなくクセナキスの方であるという、音楽史の書き換えの要求であろう。前衛としてのクセナキスの評価を確固たるものとしたのは、同年一〇月に批評家のモーリス・フルレによって企画された「現代音楽の祭典（Les journée de musique contemporaine）」であった[21]。この祭典で特集された四人の作家こそが、エドガー・ヴァレーズ、ルチアーノ・ベリオ、ピエール・アンリ、そしてヤニス・クセナキスその人である。クセナキスの楽曲が演奏されたのは一〇月二六日であった。音楽史家のE・ドロットによれば、この企画の成功こそが「大衆の前衛音楽への関心の高まりを示す最も明白な徴であった[22]」。『ルヴュ・ミュジカル』誌の一九六九年一月の特集号の報告によれば、会場全体には「延べ一〇五〇四名」の来場があり、「来場者の三分の二が学生だった」。「原則的に二〇〇名以上の聴衆を収容できないパリ市立近代美術館の小さな部屋」に「八〇〇名を詰め込む」事態になり、「国立オーケストラによるクセナキスの演奏のためには一五〇〇名を入場拒否しなければならなかった[23]」。ジャンルや党派性をもたない「現代音楽」なる音楽は、六〇年代末のパリの政治的状況においてその一つの頂点を迎えた。壁の落書きが物語っていた前衛の希求は、もはや音楽愛好家のみならず大衆のレベルにまでに高まっていたことの証左であった。このような状況について、クセナキス自身は翌年発表の『クラーネルグ――バレエとテープのための音楽』（一九六九年）のリーフレットに次のように書いている。

せいぜい三世代後には、世界人口は二四〇億人に至るだろう。この人口の八〇％は二五歳以下である。結果としてあらゆる領域において幻想的な変化が起こる。地球上に急速に広まる世代の間で生物学的な争いが起き、人類がかつて経験したことのない予見不能な規模で、政治的、社会的、都会的、科学的、芸術的、イデオロギー的枠組みを壊すだろう。今後、世界中の若者たちの運動によって、こうした闘争の未曾有の増加が示されている。じっさいにはこれらの運動は、そのイデオロギー的内容とは無関係にわれわれを待ち受けている生物学的転覆の第一歩なのだ。『クラーネルグ』の作曲に潜んでいるのはこの情熱的視点（passionnante perspective）だった。[24]

個々の運動のイデオロギーに賛同していたかどうかは別として、少なくとも作曲者はその運動がこれからも社会のあらゆる領域において顕在化しうると予測し、この転覆をもたらす「情熱的視点」からみずからの制作意図を説明している。六八年の運動に与するような直接的な言及はないが、彼は「若者たちの運動」を前に作曲活動を行っていたのである。

これらのことから理解できるように、クセナキスは活動の初期から一貫して、自分の作曲技法の前衛性とそれが表現する政治性に自覚的に、西洋における音楽的伝統に抗して作曲活動を行っていた。そしてレヴィナスが着目したクセナキスの独自の音楽性こそが、まさに当時の社会的闘争において評価された性質であった。したがって、一九六八年以降にレヴィナスがクセナキスを語るとすれば、一般にこのような側面を通して読解することができたということになる。

当時の思想家にとって、現代音楽の曲想において政治的なものを読み取ることは珍しいことではなかった。リオタールは「複数の沈黙」（一九七二年）において、現代音楽家ジョン・ケージを西洋の伝統的音楽に対して「沈黙」と「ノイズ」という「非理性的なもの」を突きつけて抵抗した作家と位置づける。[25]よく知られているようにリオタール自身は、近代までの覇権的な「大きな物語」が不可能となる「ポスト・モダン」という現代的状況を示した哲学者であり、「同意」ではなく「同意の不在」によって政治的なものを規定したことで知られるが、[26]この論考において彼は、ケージの作曲理論を同一的で理性的な「時間的連続性」を重視する西洋音楽伝統の対極に位置づけることでみずからの政治哲学に接近させている。[27]

またアドルノは『不協和音』（一九七三年）において、同一的なものを志向する伝統主義としての西洋音楽を批判しつつ、現代音楽の「不協和音」をそれに抗する形で位置づける。[28]『新音楽の哲学』（一九七五年）ではこの意味での不協和音を創り出す現代音楽のある潮流を「新音楽（Neue Musik）」と呼び、無調音楽や十二音技法で知られるアルノルト・シェーンベルクをそこに位置づけている。[29]彼は社会内在からの批判理論を音楽に対しても用い、イデオロギーと化した伝統主義を乗り越える新しい意味での「伝統」を論じることで、不協和音の中に社会の本質的な不安定性を見て取ったのである。[30]このように『存在の彼方へ』執筆時期においていわゆる現代音楽を政治的に読解する立場はけっして特殊なものではなかった。レヴィナスがこれらの思想家を直接参照することはないにせよ、この種の批評が奇異なものでなかったことが理解しうる。

作曲者が理論的に作曲活動を行う以上、その作為性を楽曲から拭い去ることはできない。クセナキスとて確率論という一つの数学理論を選択して用いており、みずからの作曲技法を「ギリシア的本質」やその「自然性」に結びつけさえする。[31]ここに、彼自身の基礎づけ主義や自然主義的イデオロギーへの傾倒、さらにはそうしたイデオロギーへと誘う一見反リズム的な「リズム」を指摘することもできるであろう。しかしたとえその作曲技法がかならずしも理論的整合性をもつものでなかったとしても、レヴィナスにとっては彼の楽曲そのものが、西洋の伝統的音楽の本質であったメロディとリズムへの反抗として、あるいは同一性に抗する歴史的実践として聴こえたのではないか。

　したがって、レヴィナスによるクセナキスへの評価は、おそらく彼自身の思惑以上に正当なものであった。彼の息子ミカエル・レヴィナスからの影響を超えて窺い知れるのは、社会的分断に対する両者の眼差しの交叉である。一方は「ユダヤ」に立脚しつつ社会に内在する全体主義的傾向性と倫理的分裂の潜在性を指摘する思想家であり、他方は「ギリシア」における群衆の闘争から得た経験を音楽において独自の仕方で理論化した作曲家である。彼らが交叉する「ノモス・アルファ」という出会いにおいて現れたのは、それぞれの領域を結ぶ、隠れた紐帯だったのではないだろうか。われわれが辿りうるのはその痕跡にすぎないが、両者の言説は「不協和」において反響しあっている。

　興味深いのは、両者がともにみずからの出自について論じながらも、それぞれの発想を、土地を離れた「異邦人」もしくは「放浪の民」という「無始原」に結びつける点である。始原をもたないこととして倫理の可能性を孕んだ、いわば無始原の主体性はレヴィナスの国家論においていかにして語られているのであろうか。あるいは、国家は無始原を創設の原理《アルケー》とすることができるのか。レヴィナスの政治哲学における国家論の「形象」を論じるために、最終章において問われるのはこの問いでなければならない。

注

［1］F・ケックによれば、レヴィ＝ブリュールの融即をレヴィナスが導入したのは「矛盾という論理法則に挑む仕方で、いかにして責任が同と他とを関係づけることを理解するか」という問いの定式化のためである。Frédéric Keck, « Levinas et Lévy-Bruhl: Le problème de la résponsabilité entre phénoménologie et science de l'homme », in R. Burggraeve et al. (dir.), *Levinas autrement*, op. cit., p. 168. レヴィナスは類似性や共同性への同一化としての「融即」ではない仕方で、他者との関係を考えようとした。

［2］レヴィナスにおけるローゼンツヴァイクの影響については次の論考が詳しい。モーゼスは両者が戦争体験を通していかに思想を変化させたかを時系列的に追う。Stéphane Mosès, « Rosenzweig et Levinas: Au-delà de la guerre », in *Emmanuel Levinas, Rue Descartes*, n°19, op. cit., pp. 85-98.

［3］Franz Rosenzweig, *Der Mensch und sein Werk, Gesammelte Schriften II, Der Stern der Erlösung*. Martinus Nijhoff, 1976［1921］, p. 258.

［4］ユダヤ音楽史研究者である水野は次のように述べている。「シナゴーグの音楽が、神殿の音楽の影響をうけたかどうかわからないが、少なくとも、シナゴーグの音楽には、神殿におけるような、レビ人のコーラス、オーケストラなどの、豪華で奢侈的な性格はない。楽器は、特別の祭日に吹く角笛を除けば、いっさい使われず、声楽的要素のみによる簡素な形態をそなえていた。〔…〕離散（Diaspora）の後にも、シナゴーグは、各地に存続し、ユダヤ教の神事祭は、これらの離散の地でも、本質的に、エルサレムと同じように行われ続けた」（水野信男「ユダヤ教会歌とグレゴリオ聖歌」『島根大学教育学部紀要（人文・社会科学）』六巻、一九七二年、五六頁）。また、N・ソロモンによれば、古代のトーラーの読み方や祈禱の「ヌサハ（詠唱）」に根ざしたユダヤ音楽は、「ユダヤ教の精神性の表現の、本質的な部分を形作っている」。Norman Solomon, *Judaism: A Very Short Introduction*, New York: Oxford University Press, 1996, pp. 79-81.

［5］この点につき、クセナキスとミカエルの関係を丁寧に論じた次の論考を参照のこと。三上良太「クセナキスと

レヴィナスを中心とした現代音楽小史――『存在するとは別の仕方であるいは存在することの彼方へ』理解のための一助に」『アラザル』ｖｏｌ．10、二〇一七年、二一–五九頁。

［6］「「クセナキス（Ξενάκης）」という名前は、語源的には優しい異邦人、小さき異邦人を意味する」。同書、二〇頁。

［7］これまでにもM＝L・マレのようにレヴィナスのクセナキス評を取り上げて、他者論の中に位置づける議論はあったが、本稿はむしろ共同体論として読解する可能性について論じる。Marie-Louise Mallet, « Écouter un visage? », in *Emmanuel Levinas, Rue Descartes*, n°19, op. cit., pp. 175–191.

［8］同書、二〇–二七頁。また、James Harley, *Xenakis: His Life In Music*, Abingdon: Routledge, 2004, pp. 1–2.

［9］ペイヨンはこのようにまとめたうえで、「そのようにして彼は、論理の世界と芸術的感情の世界との綜合を試み、そして成功するのである」と評している。なお、引用内の日付はじっさいの完成日ではなく初演のもの。次の論考を参照のこと。Catherine Peillon, « Xenakis, architecte musicien », in *La pensée de midi*, n°18, 2006, pp. 161–166.

［10］Bálint András Varga, *Conversations with Iannis Xenakis*, London: Faber & Faber, 1996, p. 5.

［11］Nouritza Matossian, *Xenakis*, London: Kahn & Averill, 1986, p. 58.

［12］*Ibid*.

［13］高橋悠治「訳者まえがき」、ヤニス・クセナキス『音楽と建築』高橋悠治編訳、河出書房新社、二〇一七年、一頁。

［14］マトシアンは彼が確率論を応用して作曲したことについて、作家の創造性にのみ重きを置かないという点で「人間中心的な宇宙観を排した」と評している。Nouritza Matossian, *Xenakis*, op. cit., p. 244.

［15］« La substitution », in *Revue Philosophique de Louvain*, août 1968.

［16］« Au-delà de l'essence », in *Revue de Métaphysique et de Morale*, n°3, juillet-septembre 1970.

［17］« Le Dit et le Dire », in *Le Nouveau Commerce*, cahier 18–19, printemps 1971.

[18] « La proximité », in *Archives de Philosophie*, octobre 1971.

[19] « Le témoignage » , in *Actes du Colloque organisé par le Centre international d'Études Humanistes et par l'Institut d'Études Philosophiques de Rome, les 5-11 janvier 1972, à Rome, par les soins de E. Castelli*, Paris: Aubier-Montaigne, 1972.

[20] Alannah Marie Halay, Michael D. Atkinson, "'Xenakis, not Gounod': Xenakis, the avant garde, and May '68," in A. Nakipbekova (ed.), *Exploring Xenakis: Performance, Practice, Philosophy*, Delaware: Vernon Press, 2019, p. 3.

[21] この企画はすでに評価が定まっていた作家を「現代音楽」の旗手として紹介するものであったが、よく知られるようにこの時期以降、現代音楽は停滞期に入り、調性音楽への回帰が行われたと言われる。このことについてたとえば、次の論考を参照のこと。中村滋延「〝現代音楽〟から現代の音楽へ――偏見と建前からの解放」『情報処理学会研究報告』Ｖｏｌ．２００９-ＭＵＳ-83、Ｎｏ．16、二〇〇九年、一-五頁。なお、フルレは一九八二年から現在まで続くフランスでの「音楽の日（*Fête de la musique*）」の企画者でもある。

[22] Eric Drott, *Music and the Elusive Revolution: Cultural Politics and Political Culture in France, 1968-1981*, California: University of California Press, 2011, p. 206.

[23] Maurice Fleuret, « Bilan et leçon des Journées de musique contemporaine », in *La Revue musicale*, n° 265-266 (numéro double), janvier 1969, p. 7. ただしフルレ自身はこの成功の理由を客観的に分析できるとしており、空前絶後のものだと考えてはいない。また、六八年五月に理想を見る若者たちが現代音楽に同じ熱狂を見出したことについても両義的な態度をとっている。*Ibid.*, pp. 9-10.

[24] Iannis Xenakis, *Livret du disque, Kraanerg, Erato STU 70527/528*, Paris: Erato, 1969. この箇所について、D・ドマンジュはこうした「情熱的視点」が社会に既存の諸範疇を超え出ているからこそクセナキスは「美的視点」として規定しようとしたのだと評価している。Dominique Demange, « Iannis Xénakis: Une approche

philosophique », in *Le Philosophoire*, n°7, janvier 1999, p. 226.

［25］Jean-François Lyotard, « Plusieurs silences », in *Musique en jeu 9*, 1972, pp. 64-76.

［26］リオタールは普遍性自体を否定したのではなく、むしろ「非同意（disagreement）」、「非一致（discordance）」の普遍性を思考していたとする。次の論考を参照のこと。Javier Burdman, "Universality without consensus: Jean-François Lyotard on politics in postmodernity," in *Philosophy and Social Criticism*, Volume 46, Issue 3, 2019, pp. 1-21.

［27］宇佐美は、ケージの音楽の本質を「時間的不連続性の導入」に見つつ、リオタールの解釈の正当性を主張する。宇佐美理「非人間性の音楽——ジャン＝フランソワ・リオタールによるジョン・ケージ論」『名古屋造形大学紀要』一八号、二〇一二年、九九-一〇五頁。この点について、C・ロバートソンは、リオタールのケージ解釈を恣意的であると認めるが、両者の理論的近接性を指摘しケージを同一性の支配に対するアナキズム的な抵抗者として位置づける。次の論考を参照のこと。Casey Robertson, 'Resisting Hegemony through Noise,' in *Assuming Gender*, 8 (7.1), 2019, pp. 50-73.

［28］アドルノはこうした西洋音楽を端的に「イデオロギーに堕した」音楽と位置づけている。Theodor W. Adorno, *Dissonanzen: Musik in der verwalteten Welt*, (*Gesammelte Schriften 14*), Frankfurt am Main: Suhrkamp, 1973, p. 131.

［29］Theodor W. Adorno, *Philosophie der neuen Musik*, (*Gesammelte Schriften 12*), Frankfurt am Main: Suhrkamp, 1975, p. 40.

［30］このような伝統主義に抗する「新音楽」の「伝統」概念については次の論考を参照のこと。片上平二郎「アドルノの「伝統」概念——文化的保守主義は、批判理論に接続可能か？」『社会学評論』五九巻三号、二〇〇八年、六〇〇-六一八頁。

［31］M・メンデスはこのようなクセナキスの両義性をもって、リオタールのような倫理的態度とは相容れないと論

じている。次の論考を参照のこと。Matthew Mendez, "Chance between passivity and control: The post-humanist ethics of Xenakis, Cage, & Lyotard," in E. Dimitris (ed.), *Proceedings of the Xenakis International Symposium*, London, 1-3 April 2011, https://www.academia.edu/4406946/Chance_between_passivity_and_control_The_post_humanist_ethics_of_Xenakis_Cage_and_Lyotard（二〇二三年二月一〇日参照）

第一〇章　国家の彼方のデモクラシー

――アバンスールとともに

最後に検討されるべきは、レヴィナスにおいて導かれたデモクラシー概念が、一般に政治哲学において妥当しうるかという外在的な問いと、彼自身の議論がこのデモクラシー概念と両立するかという内在的な問いである。それらを問うためにわれわれは、本書においてすでに何度か登場した政治哲学者、ミゲル・アバンスール（一九三九－二〇一七年）とふたたび出会わなければならない。ただし今度はレヴィナスの注意深い読者のひとりとしてのみならず、「無始原（anarchie）」からデモクラシーを論じた政治哲学者としてである。

アバンスールは、ユートピア論研究から出発し、Ｅ・ド・ラ・ボエシ、サン＝ジュスト、Ｐ・ルルー、Ｌ・Ａ・ブランキ、マルクス、Ｗ・モリス、レヴィナス、アーレント、Ｐ・クラストル、Ｊ・ランシエールらの多様な思想を扱いながら、現代における「政治的なもの」の概念を問い直したことで知られる政治哲学者である。パリ第七大学において政治哲学講座を担当し、その後、没年まで名誉教授を務めた。フランスにおけるフランクフルト学派受容に果たした功績も大きく、彼が監修するパヨ社の『政治批判』シリーズで、アドルノ、ホルクハイマー、J・ハーバーマスなどの批判理論を積極的に紹介した。また、ルフォール、M・ゴーシェ、リオタール、クラストルらとともに——ときには反発しあいながらも——『テクスチュール』、『自由』、『過去／現在』、『社会主義か野蛮か』、『闘争』など数々の雑誌に関わった編集者でもある。

彼の質実な経歴の中で練り上げられたのは、一つには「無始原」をめぐる問いである。この概念によって彼は、固定的で画一的な政治体制、権力構造を問い直す「蜂起するデモクラシー（démocratie insurgeante）」を理論化しようとした。アナキズムの伝統的な政治原理を批判的に継承しつつ、アバンスールはデモクラシーの潜在的な力をなす「抗すること」、そして政治の「句切れ」をなすものとしての「政治的なもの」を問い続けた。そしてそれこそが「あらゆる支配を受けない行為」（DE, 9）の場、すなわち始原をもたない無始原の場である。

アバンスールはこの無始原の問いをレヴィナスの中にも見出した。彼が本格的にレヴィナスを参照するようになったのは九〇年代のことで、すでに彼が政治哲学者としての地位を確立したあとだった。一九九一年にははじめてレヴィナスのユートピア論を扱った論文「ユートピアを別様に考える」が発表されている[1]。また、論文「『野生のデモクラシー』と『無始原の原理』」（一九九三年）の初出時にはレヴィナスへの言及は存在しなかったが[2]、早くもその翌年には、後段の議論を深める形でレヴィナスに関する加筆修正が施されている[3]。さらにこの論文は彼の主著である『国家に抗するデモクラシー』（一九九七年）の第二版増補版（二〇一二年）において、補論として位置づけられることになる（DE, 247-290）。このことから窺えるのは、彼のレヴィナスへの関心の高まりである。主著の補論において著者は、レヴィナスを引きながら次のように述べる。

> レヴィナスによれば、無始原はさらにずっと深い、前‐政治的な、あるいはむしろ政治と存在論の彼方の階層に関わっている。あらゆる原理から隔たっている無始原は、倫理的出来事としての、人間の訪れがもたらす存在の戯れの中断なのではないか。（DE, 289）

ここで彼はレヴィナスの語法を用いて、みずからの無始原論を「存在の戯れ」を中断させる「倫理的出来事」として読み替えている。レヴィナスも、とりわけ後期において、みずからの仕方で「無始原」を問うた思想家であった。カントやフッサール、あるいは他の理性中心主義的な学がつねにそうであったような、自我の同一性の根拠をもとめて「始原（archè）」へと遡る知のあり方、すなわち「考古学（archéologie）」としてではなく「無‐始原の学（an-archéologie）」として、彼は遡りえない無始原をめぐる思考を展開した（AE, 8）。言葉だけを取れば、アバンスールがレヴィナスに注目したのは自然であるようにも見える。

しかし、レヴィナスの議論の組み立てではアバンスールのそれとは一見はっきりと異なっている。なぜなら、アバンスールは無始原を扱う際、アナキズムの伝統をつねに論じてきたように見えるが、レヴィナスは国家の必要性を重視しており、政治的アナキズムの立場を明示的に拒否しているからである。われわれはこの表面上の対立点を、両者のデモクラシー概念を参照することでむしろ近接点として捉え直すことができると考える。アバンスールによる読解の分析によって、そのレヴィナスにおける正当性が再考されねばならない。そのために本章はレヴィナスの『存在の彼方へ』と、この主題に関わるアバンスールの三つの著作、すなわち、『国家に抗するデモクラシー』と論文「法外な仮説」[4]（一九九八年）、「無-始原　メタ政治と政治の間に」[5]（二〇〇二年）を適宜参照する。その中で、無始原概念それ自体の政治哲学的可能性が明らかになるであろう。

第一節　レヴィナスにおける無始原

まずは、レヴィナスの無始原論を検討しよう。『存在の彼方へ』においてレヴィナスは時間の時間化を論じている。時間化は、すべての出来事を「語られたこと」として、すなわち能動的な自我に回収される時間として、ロゴス的秩序の中で認識し、表象し、主題化し、言語化することとして成立する。この秩序において「過去」は記憶によって想起され、歴史編纂によって再構築され、「現在」は諸記号を共時化するエクリチュールによって集約され、「未来」は想像力によって予期される。これに対して、「始まりなき時間」は時間化をあふれ出る、時間化以前の時間である（AE, 66）。時間化において基体化する主体性は、みずからとして存在するより前には、主体化なき主体性として他者に対して投げ出されていること、その受動性にほかならない。この他者へと暴露された主体性は、「可傷性」、「感受性」、「〈同〉の中の〈他〉」、「対格」と呼称される。この主体性は他者に対して、他者のために存在し、その「人質」ないし「身代わり」となること、すなわち他者への責任を負うことができる。

この能動的自我の時間性に回収できない時間、「始原」をもたない始原、遡りえない「過去」、「秩序の前の無秩序」こそが「無始原」である(AE, 128)。それはたんにどこから来たかがわからないのみならず、主体がその始原を知りえない、他者に対する責任の無始原でもある。このことをレヴィナスは次のように述べている。

> 他者への責任は、すべての今現在ないし表象された現在を超える。この責任はこのようにして始まりなき時間のうちにあるのだ。無‐始原はたんに現在からその前の現在への遡行として、あるいは、記憶できる時間――すなわち、表象可能な表象の集約において呼び集めうる時間――に属する諸々の現在の一般化として理解されることがない。この無‐始原――表象に呼び集められることの拒否は、固有の様相で私と関わる。すなわち過ぎ去りである。だが、時間の時間化の中へと回収できないこの時間の過ぎ去りは、記憶不可能な、たんに否定的なものではないのだ。(AE, 66)

彼によれば、この無始原はたんに記憶の彼方にあるもの、あるいは忘れてしまい思い出せないものではなく、むしろ時間内の意識によっては思い出すことができないものとして――過ぎ去りという様相において――、考えられなければならない。第四章で見たように、この無始原への乗り越えられない隔たりを、レヴィナスは「隔時性」と呼んでいた。主体にとっての時間は、すでに時間化されたものであるがゆえに、時間化されない無始原へと無媒介的に結びつくことができない。

さらに、無始原はロゴス的秩序を解体しうる。既存の秩序は、無始原へと応答することによって成立しており、この意味で始原としての基礎づけをもたない。基礎づけを欠いたままであるからこそ、それを成立させた当のものによって新たに問い直される可能性へと開かれている。ロゴスに抗する無始原は「無秩序な外部性」であり、意に反した避けがたき「絶対的な受難」であり続ける（AE, 130）。意識に対して、この外部性は外部性であるかぎりそれ自身として現れることはないが、まさに現れないものとして秩序を脅かす。これが「意識の始原《アルケー》によって叙任されることのない現在を脅かしながら、顕示可能なものの光を隠しながら過ぎ去る仕方」である（AE, 127）。

　無始原はたんに秩序を壊すということに留まらない。無始原へと応答すること自体が、無始原を変質させて語っていることになる。この意味で、無始原の語り直しはつねに「語の誤用」にとどまる。しかし、レヴィナスによれば、その誤用にこそ秩序を解体する可能性が賭けられている。無始原にかんする言説とは「誤用された語でしかないが、いまだ思考していない思考、あるいは思考する以上に思考する思考における主題の彼方でもある」（AE, 199）。彼は哲学的言語に極限までの負荷をかけることで、無始原という言語化以前のもの、前述定的なものを論じようとしていたのである。

　このように、時間化された時間の中で、無始原がロゴス的秩序を脅かすという主張は一見、神学的である。それは超越的存在が自己を収縮あるいは制限することで世界を創造すること、そしてまた、世界内の歴史的時間に啓示的時間が到来することと形式的には類似している。しかし、レヴィナスは無始原の議論を特定の神学へと奉仕させるわけではない。彼はあくまで時間以前のものを無始原と呼び、いかなる始原をも措定しない。むしろ、そうした神学的語りを成り立たしめる、遡りえないものの観念を条件づけているのが無始原である（AE, 144）。彼のテクストは宗教的読解を拒むわけではないが、既存の宗教的秩序からのみ解釈されてはならない。

以上のように、レヴィナスは主体にとって遡りえない痕跡として無始原を思考することで、主体が時間を時間化する中で構築する秩序を解体し、ふたたび打ち立てる可能性を論じた。この無始原はあらゆる秩序に先行するのであるから、政治的秩序に関しても「われわれが理解するような無始原の観念は、こうして、通俗的にそう解されるような政治的意味（あるいは反‐政治的意味）に先行している」と論じられる[6]（AE, 128）。

彼が無始原をこのように定式化するようになったのは、前期の主著『全体性と無限』より後のことである[7]。『全体性と無限』における無始原とは、カントのいう「現象の総体」としての世界が始原を失っていること（TI, 60）、あるいは「対話」において「教える師」である他者との出会いによって乗り越えられるべき「無秩序」であった（TI, 66）。たしかにこの無始原は全体化に抗する「多数性に本質的な」ものであるとしても（TI, 327）、『存在の彼方へ』における他者への責任それ自体の無始原とは異なる位置づけがなされている。彼が位置づけを変更したのは、『全体性と無限』出版以降の省察の中で――ヴァール、デリダによる批判などを介して――、他者が対話としての現前において出会われるものではなく、むしろ現れないものの痕跡において規定されるようになったからであろう[8]。

第二節　アバンスールにおける無始原

すでに自身の政治哲学をさまざまな形で世に問うていたアバンスールが、このようなレヴィナスの無始原概念に注目したのはなぜだったのだろうか。ここからはアバンスールの無始原論を参照することにしよう。

『国家に抗するデモクラシー』の主題の一つは、デモクラシーを代表民主政やその手段である多数決制などの国家の存在形態に還元するのではなく、むしろ政体と政体の間の「句切れ（césure）」からもたらされる力であると論じることにある。語源からして、デモクラシーとは民衆の力であり、「それを生み出すもの、すなわち民衆《デモス》とその自由な行動へとつねに立ち戻るべきもの」である（DE. 10）。このとき、民衆が自由であるためには政治的秩序におけるあらゆる支配から解き放たれていなければならないのだから、デモクラシーが生まれるのは政治の空白期間、すなわち起源のない場である。こうして、「起源に依拠し起源を参照するあらゆる支配から自由な行動が現れ、展開されうるような、二つの政体の間の句切れ」、これこそがアバンスールのいう無始原である[9]（DE. 9）。レヴィナスと同じく始原なきものとして無始原を論じながらも、アバンスールの強調点はその政治的意味にある。アバンスールによれば、無始原は原理を中心とした国家の閉域を警告する。これこそが、デモクラシーの「蜂起」である。フランス革命一七八九年以降の蜂起——とくに芽月《ジェルミナル》（一七九五年四月）、牧月《プレリアル》（一七九五年五月）の蜂起——、そして一八三〇年の七月革命以降に繰り返された人民蜂起をモデル化しながら、アバンスールは無始原から生まれ、国家に抗するデモクラシー、すなわち「蜂起するデモクラシー」を政治的なものの本質と見る（DE. 31-32）。それは国家を中断し、宙づりにする、形をもたない政治的力動性である。

だからこそ彼が本書で主として読解するのは、マルクスによる一八四三年の草稿、「ヘーゲル国法論の批判」である。この転換期においてこそマルクスは、宗教的〈一者〉にとって代わろうとする近代国家による自己絶対化の傾向性を暴き、それに抗するかたちで〈現代のフランス人〉が巧みに提示するデモクラシーの無始原的な「謎」を正面から問題にしたからだ（DE, 55）。R・シュールマンの言葉を借りれば、デモクラシーの場である無始原の句切れは、起源に基礎づけられるあらゆる正当化をその遡行不可能性によって無効化することで、「元首《プリンケプス》ないし統治」と「それが課しそこに立脚する原理《プリンキピウム》ないし体系」とを中断させる。そのことで無始原は、既存の正当性について再考を促す契機となるのである[10]（DE, 9）。

重要なのは、このデモクラシーが現行国家に抗する革命や人民政府の体制であるだけではなく、むしろその後の新国家の成立に対しても同様の試金石となるような思考であるということだ。「蜂起するデモクラシーは二つの前線で闘っている」、すなわち、「政治的共同体は旧体制に属する国家に対する国家ないしはその桎梏や残滓に対する闘いに身を投じながらも、さらにまた、革新に囚われて改革や近代化、合理化という旗印のもとに作られ建て直される、新たな国家に対する闘いにも身を投じるのだ」（DE, 16–17）。だからこそアバンスールが危惧するように、シュールマンの主張する「無始原の原理」としての原理化でさえ、一つの政治的秩序となることで逆説的にも無始原の本質を裏切り、自由な人民の行動を妨げる傾向性として働いてしまいかねない（DE, 275）。

そうだとすれば今度は、無始原がいかにしてふたたび制度をなしうるかという問いが立てられねばならない。国家への蜂起としてのデモクラシーが維持可能な制度を持ちえないとすれば、人民の生の安全はつねに変化に曝され続け、長期的な生活基盤を供給することができなくなってしまう。習慣的なものを含めて固定的な制度を一つももたないということになれば、むしろデモクラシーを実現することができず、机上の空論の誹りを免れえない。そこで、メルロ＝ポンティやサン＝ジュストを引きながらアバンスールが強調するのは、制度とデモクラシーの運動性との両立可能性である[11]。

じっさい、制度の思想はしばしば、国家は権利の第一の源泉ではないというテーゼを伴う。われわれがサン＝ジュストと彼が行った法と制度、そして統治機械との間の有益かつ制度の哲学者にとって無縁ではない区別に耳を傾け続けるならば、そのときわれわれは次のことを理解する。一方では法と統治機械、他方では蜂起するデモクラシーの間にこそ、抗争と両立しがたさが存在するのであって、デモクラシーと制度の間には存在しない。（DE, 40）

こうして、国家、法、統治機械と制度とを区別することで、デモクラシーによる制度の設立が論じられうる。つまり、固定的な秩序としての前者と、流動性をもつ後者である。あらゆる制度は永続的ではなく、それが制度であるがゆえに絶え間ない変化にさらされている。法学者M・オーリウの言葉を借りれば、「制度はあらゆる点からして運動のカテゴリーである」（DE, 39）ということになろう。

さらにこの意味で、アバンスールは無始原をユートピアと結びつけつつ次のように述べている。[12]重要なのは、「人民の行動に最大限の可能性の地平を開くべく、ユートピアという非‐場所に拠点を定めること」である（DE, 18）。つまり、既存のあらゆる国家形態とその正当性を問い直し、同時にまた新たに「生まれつつある《イン・スタトゥ・ナスケンディ》国家」としての形態に抵抗しつつも、制度の設立に身を投じるような行動の場、これこそがアバンスールの論じた無始原である。

第三節　国家の無始原とデモクラシー

アバンスールの論述はレヴィナスの無始原論と図式的にパラレルである。両者において無始原は、現在の秩序を形成する潜在性でありつつ、この秩序によって演繹されえず、秩序をつねにふたたび問いに付す可能性でもある。政治的／非政治的という区別さえも含めたあらゆる分節化の手前に遡って既存のロゴス的秩序を解体し、また新たなロゴス的秩序へと応答を呼びかける場であるレヴィナスの無始原は、「いっそう深い」無始原としてアバンスールに評価されている。あらゆる分節化の手前でロゴス的秩序の基盤が無始原に曝されているということを意味するのだから、アバンスールがこれを政治的言説へと適用したとて無理からぬことである。ある対談で彼は次のように述べている。「レヴィナスが述べたように、無-始原は統治しないのです。しかし、このように無-始原が原理とならないという特性をもっていたからといって、無-始原を論じることが政治を手付かずのままにしておくということにはなりません。実を言えば、無-始原は政治を攪乱し、もっと言うと政治に対して攪乱という効果を与え、向心的で己に閉じこもる全体性における国家の閉域を警告するに至るのです」（CP, 87）。

しかし、レヴィナスの倫理学とアバンスールの政治哲学は、国家との関係において袂を分かつようにも見える。レヴィナスは国家の必要性を重視しているが、アバンスールはアナキズムの伝統をつねに念頭に置きながら政治を論じてきたからである。レヴィナスによれば、「無始原の観念は（アナキストの理解する意味での）原理として立てられることが――自己崩壊することなしには――できない」（AE, 128）。つまり、原理をもたないことであるアナキズムが原理化することは自己矛盾であり、アナキズムはむしろ彼自身の無始原論とは相容れない。それとは反対に、いかにしてよりよい政治が国家において可能かという現実の問いにおいてこそ、この無始原は働くのである。この意味で、アンセルは――おそらくアバンスールに代表される読解を暗に批判しながら――レヴィナスが政治的アナキストであるとする読解を強く否定している[13]。この点について、われわれはどう考えるべきか。

まずレヴィナスの国家概念を確認することから始めよう。レヴィナスはむしろ無始原を問うことの中で国家の必要性をつねに論じ、たんなる「無始原的責任の軽減ないし制限」ではないような、「平等で義なる」国家を考えようとしていた。

> いまや、人間が成就されるような平等で義なる国家（それをうち立て、そしてとくにそれを維持することが問題となるのだが）が端を発するのは、万人に対する万人の闘争からなのか、それとも万人に対する一人の還元不能な責任からなのかを知ること、そして友愛と顔とを無しですますことができるのかどうかを知ることは重要である。戦争が良心からの戦争を始めることのないように、それを知っておくべきである。（AE, 203）

第八章で論じた通りここでもレヴィナスは、ホッブズの「万人に対する万人の闘争」に由来する国家に対して、「われわれ一人ひとりが万人を前に万人に対して有責であるが、私は他の誰よりも有責である」責任の国家を対立させる（AE, 186）。国家は主体性と同様につねに無始原へと曝されている一つの秩序であり、それに応答する責任を負っている。この応答責任に向きあうことは国家における国家の解体である。無始原へと応答しつづける国家は、それゆえ責任の忘却に抗って自己解体しつづけなければならないことになる。この困難な国家が「国家の彼方の国家」としての「デモクラシー的国家」と呼ばれていた（NLT. 64-65）。

こうしたレヴィナスの議論にこそ、アバンスールは国家に抗する無始原論の可能性を見ている。

それは、自分を超越するものとともにつねに理解されつづける限りでのみ、そしてはるか遠く——隔時性——から到来する声を聴かせる限りでのみ、その正当性を実現する奇妙な国家形態である。その声は、国家形態を脱中心化し、永遠の反重力として実現する。この国家の彼方は国家にあって、最初の責任の忘却を暴き、そして自己保存と〈同〉の覇権とを導く制度の無気力ないし「ブルジョア化」を暴きつづけるからである[14]。

アバンスールは国家形態の自己保存とそこに基づく覇権とを、レヴィナスの無始原の隔時性に結びつけながら、この特異な国家のいわば「国家に抗する」性質——「国家形態を脱中心化し、永遠の反重力として実現する」ような「国家の彼方」の性質——を浮き彫りにしている。それはつねに現実の政治的秩序によって「浸食」や「汚染」がなされつつも[15]、そこへと全体化されずになお「痕跡」として残り、ふたたびその秩序を解体する「パロール」へと達する可能性となる[16]。ホッブズが論じるような相互に暴力を行使することからの回避としてしか考えられない国家は無始原に対して自閉してしまうが、レヴィナスの論じた国家論は「批判への道を開き、同様にこの比類なき起源を援用する」[17]。なぜなら、前者ではそれを設立する際の支配的な原理は、いったん設立されればみずからを超える秩序の外部性を認めないため、自己の外部から到来する新たな革新の可能性を考えることができないが、後者は当初から無始原に曝されていることを認めることで、みずからを乗り越える無始原の可能性を考えることができるからである。

したがって、アバンスールはレヴィナスの「国家の彼方の国家」の思考を注意深く読解していたことになるが、これは彼自身の主張に引き込む「アナキズム的読解」と言えるのだろうか。このことを確かめるためには、アバンスールが政治思想としてのアナキズムをいかに解していたかを問わなければならない。われわれは『国家に抗するデモクラシー』の補論として収録された、「「野生のデモクラシー」と「無始原の原理」」においてアバンスールのアナキズム論を見ることにしよう。

この論文の目的は、ルフォールのいう「野生のデモクラシー」と、シュールマンの「無始原の原理」とがともに問題としていた論点を明確化することにある。ルフォールが一九六〇年代初頭以降デモクラシーの視点から批判したのは、「分断がない形での社会的なものの実現という幻想」としての社会主義化運動そのものである（DE, 250）。むしろあらゆる人間の国家《シテ》は「原初的分断から出発して秩序立てられ、構築されている」（DE, 251）。これを無視するか二次的なものとなす全体主義に反して、デモクラシーはこの分断の「受け入れ、さらにはむしろその引き受けにおいて構成される」（DE, 253）。この闘争を受け入れる「野生のデモクラシー」の「野生」は人類学的な語義ともホッブズ的な語義とも交わることなく、「無始原」すなわち「基礎づけに関する未規定」としての「絶対的に自由であること」を意味する（DE, 255）。一方、シュールマンは「無始原の原理」なる術語によって、「古典的な形而上学の概念装置とハイデガーの思想を対置し」、「後者をこの新たな思考の側」に位置づけることを目論んでいる（DE, 265）。「基礎づけ、開始、命令という価値」を同時に備えた原理、第一哲学、〈第一者〉に基づいた形而上学は諸行動へと派生しつつ、その発生を絶えず参照させるよう基礎づけ続けるが、このような「時代的な原理」は各々の時代の終焉とともに衰えていく運命にある（DE, 266–267）。シュールマンがハイデガーに帰す「脱構築」、つまり「無始原の原理」とは、時代の原理からの派生とこの原理への参照とをはぎ取ることにある（DE, 268）。この「原理をもたないよう命ずる原理」という逆説は、かくしてアバンスールによって「野生のデモクラシー」と交わる形で論じられることになる。

さて、この二つの思想家を介して取り出された「無始原」と「アナキズム」との違いとは何であろうか。アバンスールの言葉を確認しよう。

> アナキズムと無始原との間に提示される本質的な区別がここから生じる。準拠対象から行動を派生させているかぎりでは、アナキズムは依然として完全に形而上学的領野に捉えられている。それは準拠枠組みを損なってはいないばかりか、この枠組みの内部で理性を権威ある原理に置き換えることで満足している。簡単に言えば、たんに新たな正当性の指標を選出することでその過程を維持しているのだ。（DE, 268）

古典的アナキズムはそれが一つの政治原理である限り、形而上学と同じく準拠枠組みとして行動を派生させ、そして自己を参照させるよう働いてしまう。無始原が準拠枠組みそのものを否定することにあったことを考えれば、この二つは峻別されなければならない。ルフォールとシュールマンを介してではあるが、アバンスールはこの主張の正当性を確認している。言うなれば、アバンスール自身はアナキズムを論じてきたが、それはアナキズムの政治的本性に従ってではなく無始原論に従ってであったということになろう。

当然それは彼のレヴィナス読解においても同じである。だからこそ当該論文において彼は次にレヴィナスを引きながら「メタ政治学がここではデモクラシーと倫理的出来事との関係の中で理解されるべきであるかのように解することができるのだろうか」と問うている（DE, 282）。さらにはこのようにしてこそ、「デモクラシーと、社会的なものの根源的分断と、人間的要素との関係をいかに考察すべきかを問い続ける」ことができる（DE, 283）。つまりレヴィナスのいう倫理による秩序の中断としての無始原とは、デモクラシーが受け入れる「社会的なものの根源的分断」にほかならず、そこからふたたび政治を行うことを可能にするモーメントである。

これまでにレヴィナスの議論を明示したわれわれは、この議論がレヴィナスのデモクラシー概念にも当てはまるということが理解できる。いかに「堅固な」制度であったとしても、他者への厚情によってそれは「緩められなければならない」。他者への厚情との補完的関係において、制度はつねによりよいものに変えられうる。ここにこそ「デモクラシーの卓越」が存しており、この「よりよいものに開かれた」、絶え間なき正義の「深い悔恨」がデモクラシーの本質であった（EN, 241）。アバンスール同様、レヴィナスも倫理の無始原が政治を差し止めて新たな政治を生み出すと論じていたし、このような倫理と政治との動的な関係性としてデモクラシーを考えていた。アバンスールは詳細に論じなかったものの、両者はデモクラシーにおいてこのように交叉する。[18] レヴィナスとアバンスールはアンセルの提示した、国家を必要とするか否か、あるいはアナキズムに与するか否か、といった区別を超えてともに解釈し直されなければならない。「国家の彼方の」デモクラシーは「国家に抗する」デモクラシーと出会うのである。

アバンスールは一九八六年の研究会においてはじめてレヴィナス思想について論じたが、そこにはレヴィナス自身も出席していた。その日の他の議論において彼の反論はときに手厳しいものだったが、アバンスールの発表に対しては、「幸運にも事はうまく運んだ」という（CP. 338）。レヴィナスが直接彼に近接性を表明したことはないが、この発表が一つの契機となってその後のアバンスールの思索を導いたのかもしれない。九〇年代以降の彼のレヴィナス読解の目的は、その内在的な語り直しではなく、むしろあえて政治哲学の中に位置づけることで国家論としての可能性を見出すことにあった。彼の独特な隔時的思考は、無始原を原理化するアナキズムへの批判を行ってきたアバンスールにとって新たな光明を与えるものであった。

たしかに、両者の間には乗り越え難い強調点の差異がある。そもそもレヴィナスは主体の自由よりも他者への責任の無始原を論じているのに対し、アバンスールは自由な行動の無始原を論じているからである[19]。一方でレヴィナスにおいて人民の蜂起に類する契機は考えられないし、「複数の〈一者〉たち(nombreux Uns)」（DE, 200）がいかに連帯し、行動しうるかという問いは主題化されえない。

また、アバンスールがマルクスを介してフランス革命の蜂起に垣間見たような政治的成功について、レヴィナスが諸手を挙げて賛同するとは到底考えられない。むしろレヴィナスならば、こうした歴史的な契機を含めて、すでに起きたあらゆる政治的な出来事において非倫理的な政治的秩序を見出すであろうし、すでに引いたアバンスールの「ユートピアという非‐場所に拠点を定める」という言い回しにも同意しないであろう。それはある講話において彼が「革命は国家を解体しないのです。革命は別の政治体制を目指すけれど、それはまた一つの政治体制なのです」と述べていたことからも窺い知ることができる（DSAS, 36）。また他方、アバンスールにおいて自由が他者への責任から生じるといった倫理的なモーメントは見出せないばかりか、そのように考えるとすれば「他者」はデモクラシーの発露を妨げるような外部的原理の一つとなってしまうだろう。アバンスールはあくまで自己構成する人民を「原理、主体、目的という三重の地位」に位置づけるのである（DE, 162）。

　さらに、アバンスールもレヴィナスと同様にユダヤ人の家系に生まれたものの、成人してからその教義に回帰することはしない。この点で彼はレヴィナスの宗教学的側面を批判しさえする[20]。レヴィナスは普遍主義を標榜しつつもあくまでユダヤという語を用いることで、この語を個別的な実定宗教の名から解放しようとした。しかし、アバンスールにとってユダヤの名を借りることは具体的な歴史を背負った政治的原理への依拠と映った。両者はともに宗教を超えた相互理解を目指しているとはいえ、出発点の差異は明白である。これらの点について両者は対岸から来ているように思われる。

　しかるにアバンスールはレヴィナスの議論を「他者」からではなく「倫理的出来事」から理解することで、この差異を埋めようとしたのではないか。たしかに本稿で論じたように、レヴィナスは「国家の彼方の国家」という逆説的な表現によって、デモクラシーにおける無始原の倫理を問うた。そしてここにこそ、アバンスールがレヴィナスを読む際に、あえてルルー[21]、フランクフルト学派[22]、そしてマルクス（CP. 89）を参照する理由が存しているのではなかろうか。これらの思想家たちはそれぞれの時代に固有の仕方で無始原に曝されながら、人民のためのよりよき制度を模索し続けたデモクラシーの論客として、共通の問題に直面していた。国家形態の中で形骸化した代表民主政を維持するための「デモクラシーの穏健な行使」（DE. 13）のみが求められる現代もやはり、ふたたび杓子定規な「プロクルステスの寝台」（DE. 288）を強いられた危機的状況にある。「デモクラシーの本質」を忘却した国家に抗して、アバンスールの無始原的思考はアクチュアリティを失っていないのではないだろうか。

第三部では、レヴィナスの政治哲学が「デモクラシー」という語によって語り直された。それは国家形態にかかわらず、他者の呼び声に対する応答として実践される、具体的な行為による政治そのものである。他者が既存の秩序を問い直すものであるがゆえに、それは既存の国家の内部でなされる政治的行為ではなく、政治的責任と倫理的責任のせめぎあいの中で、それらの決定不可能性の中で、それらの分断と不協和の中で、あらゆる始原と正当性を欠いたままでなされる応答である。それゆえ、この行為はアナキズムなき無始原の思想において場をもちえたのだ。

注

［1］Miguel Abensour, « Penser l'utopie autrement », op. cit., pp. 477–495.

［2］Miguel Abensour, « "Démocratie sauvage" et "Principe d'anarchie" », in *Revue européenne des sciences sociales*, T. 31, n° 97, 1993, pp. 225–241.
［3］Miguel Abensour, « "Démocratie sauvage" et "Principe d'anarchie" », in *Les Cahiers de philosophie*, n° 18, 1994, pp. 125–148. この加筆は当時の彼のレヴィナスへの関心を窺わせる。
［4］Miguel Abensour, « L'extravagante hypothèse », in *Emmanuel Levinas, Rue Descartes*, n° 19, op. cit., pp. 55–84.
［5］Miguel Abensour, « L'an-archie, entre métapolitique et politique », in *Les Cahiers Philosophiques de Strasbourg*, n° 14, 2002, pp. 109–131.
［6］このレヴィナスの「註三」をアバンスールは好んで引用する。たとえば、Miguel Abensour, « L'an-archie, entre métapolitique et politique », op. cit., p. 110.
［7］ただし、遅くとも論文「人間主義と無‐始原」（一九六八年）においては、すでに本章で論じたような無始原概念が提出されている（HAH, 71–91）。
［8］この点につき、亀井はむしろデリダの「暴力と形而上学」の成立過程においてレヴィナスの痕跡概念が与えた影響を指摘する。亀井大輔「二つの「痕跡」の交差――デリダとレヴィナスのあいだで」『倫理学研究』四一集、二〇一一年、一〇二‐一一二頁。
［9］この箇所は、シュールマンが『無始原の原理――ハイデガーと行動の問い』において「起源（origine）」と「根拠（fondement）」を区別して論じる際の表現を念頭に置いている。
［10］アバンスールはこの表現を次の著作から引用している。Reiner Schürmann, *Le Principe d'anarchie. Heidegger et la question de l'agir*, Paris: Seuil, 1982, p. 107.
［11］アバンスールのサン＝ジュスト読解については、次の論考が詳しい。山下雄大「統治なき自然、蜂起するデモクラシー――ミゲル・アバンスールのサン＝ジュスト論から出発して」『HAPAX』九号、二〇一八年、五五‐七四頁。

[12] アバンスールにおいてユートピア概念もこのように、歴史の終わりや歴史外のものとしてではなく、「デモクラシーの政治的な場」として考えられている。この点についてはたとえば、Philippe Hurteau, « Utopie et démocratie chez Miguel Abensour », in *Politique et Sociétés*, 33(2), 2014, pp. 63-87 を参照のこと。

[13] Georges Hansel, « Éthique et politique dans la pensée d'Emmanuel Levinas », op. cit., p. 169.

[14] Miguel Abensour, « L'extravagante hypothèse », op. cit., p. 83.

[15] *Ibid.*

[16] Miguel Abensour, « L'an-archie, entre métapolitique et politique », op. cit., p. 130.

[17] *Ibid.*, p. 73.

[18] ただし、アバンスールはある対談においてレヴィナスを「最も古典的な意味における法的規則とデモクラシーに惹きつけられた偉大な思想家」として位置づけている。Miguel Abensour, Danielle Cohen-Levinas, *Emmanuel Levinas, l'intrigue de l'humain: Entre métapolitique et politique. Entretiens avec Danielle Cohen-Levinas*, Paris: Hermann, 2012, pp. 29-30. アバンスールは晩年この方向性の議論をさらに展開しようとしていたと考えられる。

[19] とはいえ、「ヒトラー主義哲学についての若干の考察」（一九三四年）において見られるようにごく初期においては、レヴィナスは政体としての「民主主義」が基づく精神的自由が、ユダヤ・キリスト教的自由概念に根差しており、ヒトラー主義の傾向性に抗すると考えていたこともある（QR, 199-208）。この論文では身体を伴うこととしての世界への繋縛に抗する主体の「自由」は人間性の本質として語られている。なおこの点につき、次の論考を参照のこと。馬場智一『倫理の他者――レヴィナスにおける異教概念』勁草書房、二〇一二年、三二九－三三二頁。

[20] アバンスールはある対談で、レヴィナスの宗教学的側面についてはかならずしも重要性を認めていないと明言している。Miguel Abensour, « Entretien avec Miguel Abensour », in *La philosophie*, 44, 2015, p. 19.

〔21〕 Miguel Abensour, « L'extravagante hypothèse », op. cit., p. 80.
〔22〕 *Ibid.*, p. 79.

結論

内容と方法

本書は第一部で、レヴィナス研究において「第三者」という語の位置づけを確認することから出発した。おそらくはこの語が用いられる文脈の難解さと複雑さによって、レヴィナスの正義論はこれまで議論百出の領野であったが、それらを整理するだけでなく「眼差しの中の第三者」と「隣人の隣人」という二つの筋立てを区別することでそれぞれの問題を文脈化することができるという読解仮説を提示した。われわれによれば、前者は他者がつねに社会において複数性の中に現れること、後者は現れた他者に対する責任が具体的な応答の場としての政治において否応なく比較と平準化を被ることを指している。後者の契機が政治的なものの問題化として位置づけられることで、レヴィナスの後期思想においていかにして「相互性」、「同等性」、「制度」といった概念について新たな光が当てられているか、そしてそれらがいかに現実的な問題圏の中にあるかが示された。この作業は後の読解の基礎部分をなす予備的議論として切り分けられなければならなかったために、部分的には後の議論を示唆するにとどまった箇所があるが、少なくとも従来説が展開しきれなかった正義論の中心的問題を最初に扱うことで議論の方向性を明確化することができた。すなわち倫理が生起するのは、政治的秩序ないし有限責任の制度においてそれを担う市民たちの相互性に対してである。

第二部では、レヴィナスの議論が切迫した具体的状況を前に組み立てられているということを明らかにするために、「いまだない」、「物質主義」、「飢え」、「動物性」などの概念を扱った。レヴィナスは前述定的なものとしての身体性と物質性を、ごく初期から独自の仕方において論じており、この理路が以降の思想において徐々に問題化される、根源的な倫理の条件を為している。レヴィナスの倫理はたんにロゴス的秩序を溢れ出るものとして言語的に解釈されるのではなく、世界内において、動物性を有し物質的に存在する者として死へ向かう時間性のなかで、他者の物質的欠乏に由来する切迫を受け取り、またそれへと具体的に応答することと規定され直さなければならない。なおここで提示されている読解は、レヴィナスの倫理を通俗的倫理あるいは道徳から切り離すために、彼の思想に反してまで非倫理化するような読解への抵抗をなしている。彼が最も恐れた誤読の一つは、西洋伝統的形而上学のように世界から分離したものへ向かう議論、つまり原初的な偶像崇拝として読まれることであるが、それを避けるためにはこの倫理的状況の具体性という論点は不可欠である。

第三部では、最後にそうした筋立てによって考えられた政治がいかなる共同体において成立するかを探究した。「デモクラシー」、「不協和」、「国家の彼方の国家」、「無始原」などの語を用いて彼の国家論を解きほぐすことで、その政治哲学的意義を捉えることができた。レヴィナスの独自性は、デモクラシー概念を「民衆《デモス》の力《クラトス》」として何らかの主体ないし行為に正当性を帰することではなく、政治的行為から事後的あるいは遡及的に思考される倫理的契機として規定することにある。そのことによって彼は、近代的な国民国家におけるデモクラシーのみならず、古代の王政を含めたあらゆる政体においてデモクラシーの本質を捉えている。彼のデモクラシー概念は、具体的かつ歴史的にいまだない未来を志向することにおいて、ブロッホのようなマルクス主義的ユートピア論や、普遍主義的に解釈し直されたユダヤ思想との接点が見出される。さらには、こうした政治的行為は、あらゆる政治的秩序の成立において、それが倫理から生み出される以上すでに予期されているということ、すなわち政治は何らかの統一的かつ単一的な理念性をもつことはできず、必然的に不協和を孕んでいるということが示された。他者への倫理的責任はひとり生起することはできず、第一部で論じられた市民たちの政治的責任との対立においてはじめて倫理として成立しうる。このことはおそらくは政治哲学者アバンスールが晩年構想していた、レヴィナス思想において「国家における国家の彼方」としてデモクラシーを再定義することと一致するであろう。

現代政治学における意義

本書を閉じるにあたって、現代の政治学における、レヴィナスのデモクラシー概念の政治学的意義について手短に付言しておきたい。デモクラシーという語そのものが現代の論者によって多様に用いられており、それゆえデモクラシー論も百花繚乱であることから、この作業はレヴィナスの政治哲学を精確に位置づけるためにとりわけ重要なものとなるであろう[1]。

第一に、少なくともレヴィナスの議論は、デモクラシーを合意形成の手続きに還元する論者への批判でありうる。このいわば手続的デモクラシー論は、政治経済学者、J・A・シュンペーターが選挙制度としてデモクラシーを規定したことに端を発し、現在ではR・タリースらによって支持されている見解である。[2] 彼によれば、政治的主体としての人民の生活様式や精神の陶冶にまで関わる「実体的」で「強い」デモクラシーは、それ自体で全体性への傾向をもっている。デモクラシーを手続きへと限定することによって、むしろそうしたデモクラシーの名における生活の過度な政治化を避けることができることになる。

しかし、人民の生の政治化を防ぐことによって、反対に人民の思考から政治を奪い去ってしまう恐れもある。デモクラシーが根ざすのがパンへの欲求であり、「具体的生活」であるとすれば、むしろ生活／政治、私的領域／公的領域、実体的デモクラシー／手続的デモクラシーを区分しようとする立場こそが批判されるべきなのではないか。

第二に、レヴィナスのデモクラシー論は一つの宗教的語りとしてのユダヤ思想に基礎を置くことによって、今日問われる「宗教とデモクラシー」という問題について、それらをどちらか一方に包括させない立場を示している。たとえばゴーシェの述べるように、「ニュートラル」であるべきだった近代民主主義は宗教を「たんなる文化がもつ伝統や慣習、儀礼を超えて」、「本質的なメッセージ」と「意味」を与えるものであるとして承認することで――「承認のポリティクス」――、逆説的に宗教を道徳や価値観といった「世俗的なもの」の一つに還元してしまう傾向性をもっていた。[3] 反対に、あらゆる政治的体制は絶対者によって正当性を与えられるとする立場も、宗教的な反民主主義的政権などによっていまだに提唱されている。

これに対し、他者を前にした倫理が与える「トーラーの精神」にこそ「デモクラシーの本質」を見るレヴィナスは、それらの一方を優先する立場を採りえない。レヴィナス自身がつねにユダヤ的なものという出自を手放さないということについては留保が必要であろうが、彼のデモクラシー論と普遍主義的ユダヤ解釈との正確な読解を試みるならば、デモクラシーと宗教とは一方が他方を「承認」する関係にあるのではなく、むしろ不可能な始原としての無始原を共有することになろう[4]。このことは宗教の全面的解体を促すのではなく、むしろ原理として作動していた各々の宗教性を、他者たちとともに「よりよいもの」に向かってふたたび問い直す契機となるはずである。

第三に、政治がつねに〈他者のために〉という「存在の彼方へ」を介して更新される可能性があるということは、裏を返せば、ある政治的規範を固定的なものとしてあらかじめ措定するような主張と鋭く対立する。言い換えれば、レヴィナスは全体主義に抗する政治的立場を主張することはないが、全体主義の自己正当化の根拠を奪うことによって、かえって当該全体主義に抗する立場を可能とするのである[5]。

とはいえ反対に、レヴィナスの政治哲学が、いかなる集団的同一性をも拒否するような「極端な多元主義」[6]を導くこともない。あらゆる固定的な政治的規範は正当化されえないとしても、そのことはあらゆる政治的規範が等価であるとか、不可能であるということを意味しない。他者を前にした既存の政治の更新は、つねに一つの既存の政治を対象にしており、ふたたび正当性を欠いたまま新たな政治を生む。われわれは他者たちと生きる社会において、すでに特定の政治の中に投げ込まれており、政治なしですますことはできない。いわばわれわれは不完全なまま出航した船のうえにいて、港に引き返すことができないままで、突貫工事を行いながら航海を続けるしかないのである。

第四に、レヴィナスの政治的主体は、世界内に身体をもって存在する死すべき者たち、つまり「飢えた者たち」である。政治はこの「飢えた者たち」を前にして、民衆の身体性から再構築されねばならないのではないか。近年でいえば、バトラーの『アセンブリ――行為遂行性・複数性・政治』（二〇一五年）などにおいて政治的身体性は論じられているが[7]、討議ないし熟議や言語的コミュニケーションによらない政治的活動性が、今後さらに議論されるべきである。

レヴィナスの政治哲学がデモクラシー論として参照されることはほとんどないが、本書のような作業によってその価値がある程度明示できたのではないか。そのことによって少なくとも、彼の提示した他者論と倫理学が、たんに被虐的であり現在の政治状況に参与する言説の足場を奪っているといった類の主張は不可能となるであろう。

レヴィナスが政治哲学としての価値を有していたといっても、さまざまな理由から彼の直面できなかった問題もまた存在している。千葉眞の述べるように、現代資本主義社会の具体的な諸様相においてむしろリベラリズムとデモクラシーとの「非連続の面」が現れており[8]、ランシエールの述べるようにこの溝がいまや「デモクラシーへの憎悪」とさえ呼びうる状況を構成している[9]。二一世紀的なこの状況下で、安易に「リベラリズムとデモクラシー」と両者を並置するレヴィナスの議論の限界を見ることができるだろう[10]。また、「宗教」、「国籍」、「性差」といった揺れ動く境界線を前に切迫した者たちに対して、具体的な政治的提言をもたない二〇世紀の思想家の「倫理学」がいかなる意味で政治的かと問われると、彼の読者は言葉を失ってしまうかもしれない。レヴィナスのテーゼはいかなる意味でも主体間の紐帯を同一化ないし強化すること、あるいはそれによって政治的決定の導出や正当化に資することはないし、それゆえデモクラシーを支える「民衆」の領域確定の問題を現実に即して問うことはできない。

それでも、デモクラシーをその根源としての倫理に帰することで、あらゆる政体における無始原を暴露しようとしたレヴィナスの理路は、多様化する戦略的「民主的国家」を前に、いまだその価値を失っていないのではないか。すでにイデオロギーと化した「民主主義」の名のもとに蹂躙される声なき声を聴き取るのは、その声の持ち主とは別の仕方で飢えに開かれた感受性であろう。政治をデモクラシーの中へと引き戻すのは、歴史の中でつねによりよいものが可能である時間、すなわち未来へと向かう主体性でなければならない。あらゆる国家の中で「国家の彼方」として働くデモクラシーの可能性はそこにこそ存するのである。

注

[1] 山本によれば、「今日、民主主義研究は政治学においてもっとも活況を呈している分野のひとつである」（山本圭「デモクラシーと規範——現代民主主義理論のジレンマについての一考察」『社会と倫理』二九号、二〇一四年、六七-七九頁）。

[2] Joseph A. Schumpeter, *Capitalism, Socialism and Democracy*, London and New York: Routledge, 2003. また、Robert. B. Talisse, *A Pragmatist Philosophy of Democracy*, London: Routledge, 2008.

[3] Marcel Gauchet, *La Religion dans la Démocratie: Parcours de la laïcité*, Paris: Gallimard, 1998, p. 133-140.

[4] バトラーは、レヴィナスがつねに彼の主張をユダヤ性へと結びつける点について批判を加えている。彼女によ

れば、われわれは「レヴィナスに反して」レヴィナスを読解する必要がある。Judith Butler, *Notes Toward a Performative Theory of Assembly*, Cambridge, MA: Harvard University Press, 2015, pp. 106–107.

［5］C・F・アルフォードはこの側面を、「リベラルな個人主義の非リベラルな擁護（non-liberal defence of liberal individualism）」と呼んでいる。C. Fred Alford, "Levinas and the limits of political theory," in M. Diamantides (ed.), *Levinas, Law, Politics*, Abingdon, Oxon, UK and New York: Routeledge-Cavendish, 2007, pp. 113–114.

［6］Ch・ムフのいう「極端な多元性」とは、「異他性と共約不可能性を強調する」あまり、「「われわれ」を、集団的同一性を構築するいかなる試みをも拒否する」多元主義である。ムフによれば、この立場を採る場合、既存の複雑な権力関係を分析し、組み替えていくことができない。Chantal Mouffe, *The Democratic Paradox*, New York : Verso, 2009, p. 20.

［7］たとえばバトラーは、「アラブの春」などの具体的な出来事を題材にとりつつ、身体が一つの場所に集合して現れることの政治的な意味について分析する。Judith Butler, *Notes Toward a Performative Theory of Assembly*, op. cit.

［8］千葉眞『ラディカル・デモクラシーの地平』前掲書、三九頁。

［9］Jacques Rancière, *La haine de la démocratie*, Paris: La Fabrique, 2005.

［10］ただし、A・ヘルツォークはレヴィナスのリベラリズム概念が当時のマルクス主義やポスト構造主義的思想状況から影響を受けたものであり、功利主義などの英米思想の伝統的文脈とは異なるのではないかと考えている。次の論述を参照のこと。Annabel Herzog, *Levinas's Politics: Justice, Mercy, Universality*, Pennsylvania: University of Pennsylvania Press, 2020, pp. 131-132.

おわりに

本書は、二〇二〇年に京都大学大学院文学研究科思想文化学専攻に提出した博士論文を、一般の読者に向けて全面改稿したものである。収められた論考は、二〇一四年から二〇一九年の間に書かれたが、現在の視点から大幅に書き直したものもある。

本書が輪郭を描こうとしたレヴィナスの政治哲学は、彼の言葉通り「骨の折れる」、じつに細い一筋の理論構成によって成り立っているように思われる。その構成に関わる豊富な概念――他者、第三者、正義、具体性、物質性、ユートピア、国家、そしてデモクラシー等々――のどれか一つでも問題設定を誤ると、即座に今まで手繰り寄せていたはずの糸が切れ、大きな迷宮に一人取り残されてしまう。それは彼の議論が脆弱だからというわけではなく、その独自の倫理学があまりに根本的な問題を扱っているために、哲学史上のあらゆる問題に触れているからであろう。そしてもちろんその困難を浮かび上がらせたのは、これまで行われてきた真摯なレヴィナス研究の成果でもある。

本書はこれまでなされてきた議論を下敷きに、そのような理路をできる限り一般的な仕方で正面から問題化するよう心掛けたつもりだが、すべての射程をおよそ扱いきれていない。あえて過去形を用いるが、レヴィナスが倫理学として熱心に読まれていた時期に現れた議論は、あまりにも幅広い射程をもっており、それらの隙間から垣間見えるレヴィナスの思想は手垢にまみれているようにも思えた。しかし、そのようにして過ぎ去っていくテクストは、新しい光源に出会うたびに、その輝きをまぶしく反射しているように見えた。本書は、このような筆者の直観によって導かれた一つの証言である。

同時に本書の執筆は、「倫理と政治のジレンマ」という表現で片づけることのできない複雑な問題設定を解きほぐす作業でもあった。レヴィナスの手法の一つに、哲学を直線的に段階的に行う代わりに、何度も出発点に立ち戻り、新たな角度から問いを再開するというものがある。それは実践的に読者を巻き込むうえで必要不可欠な仕方だったのだろうが、彼の読者が同じことを真似て注釈することは許されない。したがって求められているのは、難解なテクストの読解であると同時に、その視点を一つ一つ列挙しつつそれらが立体的に現れるよりよい視野を探し続ける作業であった。

そしてそれは結果的に、レヴィナスの思想の全体像を問い直す作業でもあった。この作業は、彼のごく初期の論考や草稿から、晩年の対談に至る長期の思索を跡づけることによって行われた。そのためには「現象学の紹介者または批判者」、「ユダヤ思想家」あるいは「ポスト・モダンの論者」として彼をあらかじめ規定することをせず、テクストそれ自体と向きあう必要があった。本書の執筆にあたってみずからに掲げた指針は以上のようなものであるが、どこまでそれに忠実であることができたかは読者諸氏のご判断を仰ぎたい。

最後になるが、つねに前途を見据えた助言をくださった指導教員の杉村靖彦先生、氣多雅子先生、伊原木大祐先生、また博士論文の審査を務めてくださった芦名定道先生、夜な夜な議論につきあってくださった京都大学宗教学研究室の方々、フランス留学期の友人や先生方、知的刺激を与えてくださった現象学読書会のメンバー、丁寧な仕事をしてくださった編集の由浅啓吾氏、本書の企図を汲んでくださった装画の太田陽博氏と装本の間奈美子氏、なにより本書の執筆に伴走してくれた家族には心から御礼を申し上げたい。

二〇二三年二月某日　　松葉　類

中村滋延「“現代音楽”から現代の音楽へ——偏見と建前からの解放」『情報処理学会研究報告』Vol. 2009-MUS-83、No.16、二〇〇九年、一-五頁。

中村悠人「刑罰の正当化根拠に関する一考察（一）——日本とドイツにおける刑罰理論の展開」『立命館法学』三四一号、二〇一二年、二四四-三二四頁。

馬場智一『倫理の他者——レヴィナスにおける異教概念』勁草書房、二〇一二年。

平岡紘「時間における連続性の断絶——レヴィナスにおけるベルクソン的持続批判をめぐって」『フランス哲学・思想研究』一五号、二〇一〇年、一二三-一三一頁。

藤岡俊博『レヴィナスと「場所」の倫理』東京大学出版会、二〇一四年。

堀川敏寛「レヴィナスとブーバーに見られるユダヤ思想」『日本の神学』四六号、二〇〇七年、七五-一〇〇頁。

三上良太「クセナキスとレヴィナスを中心とした現代音楽小史——『存在するとは別の仕方であるいは存在することの彼方へ』理解のための一助に」『アラザル』vol. 10、二〇一七年、二-五九頁。

水野信男「ユダヤ教会歌とグレゴリオ聖歌」『島根大学教育学部紀要（人文・社会科学)』六巻、一九七二年、五五-七五頁。

村田知子「レヴィナスにおける「第三者」の概念——「責任」の問い直しについて」『大谷大学大学院研究紀要』二五号、二〇〇八年、一一七-一四三頁。

山口一郎『文化を生きる身体——間文化現象学試論』知泉書館、二〇〇四年。

山下雄大「統治なき自然、蜂起するデモクラシー——ミゲル・アバンスールのサン＝ジュスト論から出発して」『HAPAX』九号、二〇一八年、五五-七四頁。

山本圭「デモクラシーと規範——現代民主主義理論のジレンマについての一考察」『社会と倫理』二九号、二〇一四年、六七-七九頁。

屋良朝彦『メルロ＝ポンティとレヴィナス——他者への覚醒』東新堂、二〇〇三年。

吉田達志「抵抗権思想とホッブズ」『名古屋工業大学学報』四一号、一九八九年、六九-七七頁。

吉永和加『〈他者〉の逆接——レヴィナスとデリダの狭き道』ナカニシヤ出版、二〇一六年。

ロレッド、パトリック「人間の倫理は供儀的か——倫理の脱構築をめぐるデリダとレヴィナスの論争」横田祐美子訳、『人文学報』五一二巻一五号、二〇一六年、一四一-一六五頁。

冠木敦子「倫理と政治——カントの『道徳形而上学』とレヴィナス」『法学研究』七四巻一二号、二〇〇一年、三七-七九頁。

亀井大輔「二つの「痕跡」の交差——デリダとレヴィナスのあいだで」『倫理学研究』四一集、二〇一一年、一〇二-一一二頁。

川崎惣一「リクールにおける自己の解釈学」『城西国際大学紀要』第一六巻二号、二〇〇八年、五七-七一頁。

合田正人『レヴィナスを読む——〈異常な日常〉の思想』筑摩書房、二〇一一年。

合田正人『入門ユダヤ思想』筑摩書房、二〇一七年。

好村冨士彦『ブロッホの生涯——希望のエンサイクロペディア』平凡社、一九八六年。

國領佳樹「有意味性の現象学——メルロ＝ポンティとレヴィナスの対立点」『メルロポンティ研究』一七号、二〇一三年、五四-六五頁。

児島亜紀子「「顔」への応答を起点とする正義——ソーシャルワーク論とレヴィナス思想の交錯」『社会問題研究』六三号、二〇一四年、三九-五二頁。

小手川正二郎『甦るレヴィナス——『全体性と無限』読解』水声社、二〇一五年。

米虫正巳「身体化の出来事としての生」『人文論究』五四巻三号、二〇〇四年、三七-五六頁。

高橋浩「ブーバーの共同体論の人間学的・教育学的意義」『国際基督教大学学報I-A　教育研究』二七号、一九八五年、二九-四六頁。

谷口博史「『国家』の余白に——ブランショ、レヴィナス、エリック・ヴェイユ」『人文学報』三一三号、二〇〇〇年、二三-七九頁。

千葉眞『ラディカル・デモクラシーの地平——自由・差異・公共善』新評論社、一九九五年。

辻脇葉子「応報と修復の関係——コミュニケーション的刑罰論の視座から」『情報コミュニケーション学研究』第三巻、二〇〇七年、三九-六六頁。

ドゥルーズ、ジル『無人島　1953-1968』宇野邦一ほか訳、河出書房新社、二〇〇三年。

渡名喜庸哲「光の地平の此岸と彼岸——エマニュエル・レヴィナスの現象学と政治思想についての一考察」『年報地域文化研究』九号、二〇〇五年、一八九-二〇八頁。

永尾孝雄「カント法哲学における社会契約と国家」『アドミニストレーション』二一巻二号、二〇一五年、八一-九〇頁。

長尾龍一「「敵対刑法」論とトマス・ホッブズ」『ノモス』二七号、二〇一〇年、一-一五頁。

Vol. 64, No. 2, 2008, pp. 885-906.

Thierry, Yves, « Discussion avec l'ontologie (Lévinas et Merleau-Ponty) », in *Cités*, 25, 2006, pp. 101-110.

Varga, Bálint András, *Conversations with Iannis Xenakis*, London: Faber & Faber, 1996.

Visker, Rudi, « D'une autre nudité d'autrui », in N. Frogneux, F. Mies (dir.), *Emmanuel Lévinas et l'histoire*, Paris: Cerf, 1998, pp. 211-214.

Wheelwright, Philip, "Buber's Philosophical Anthropology", in P. A. Schilpp, M. S. Friedman (eds.), *The Philosophy of Martin Buber*, La Salle IL: Open Court Publishing, 1967, pp. 92-93.

White, Richard, "Levinas, the philosophy of suffering, and the ethics of compassion," in *The Heythrop Journal*, 2012, pp. 111-123.

Xenakis, Iannis, *Livret du disque, Kraanerg, Erato STU 70527/528*, Paris: Erato, 1969.

Xenakis, Iannis, *Musique de l'architecture*, Marseille: Édition Parenthèse, 2004.〔クセナキス『音楽と建築』高橋悠治編訳、河出書房新社、二〇一七年。〕

Young, Iris Marion, "The Ideal of Community and the Politics of Difference," in *Feminism / Postmodernism*, L. J. Nicholson (ed.), New York and London: Routledge, 1990, pp. 300-323.

Zudeick, Peter, *Der Hintern des Teufels, Ernst Bloch: Leben und Werk*, Bühlmoos: Elster Verlag, 1985.

アリストテレス「家政論」『アリストテレス全集 一七』瀬口昌久ほか訳、岩波書店、二〇一八年。

伊原木大祐『レヴィナス――犠牲の身体』創文社、二〇一〇年。

伊原木大祐「レヴィナス的倫理と共感の問い」『基盤教育センター紀要』二七号、二〇一六年、一-一八頁。

宇佐美理「非人間性の音楽――ジャン＝フランソワ・リオタールによるジョン・ケージ論」『名古屋造形大学紀要』一八号、二〇一二年、九九-一〇五頁。

岡田篤志「レヴィナス他者論における第三者の境位について」『アルケー』七号、一九九九年、二四-三四頁。

小田智敏「自然と技術――ハンス・ヨナスのブロッホ批判の検討」『ヘーゲル哲学研究』七号、二〇〇一年、三八-五一頁。

片上平二郎「アドルノの「伝統」概念――文化的保守主義は、批判理論に接続可能か？」『社会学評論』五九巻三号、二〇〇八年、六〇〇-六一八頁。

qu'être », in *Emmanuel Levinas, Rue Descartes*, n° 19, Paris: PUF, 1998, pp. 39–54.

Rosenzweig, Franz, *Der Mensch und sein Werk, Gesammelte Schriften II, Der Stern der Erlösung*, Martinus Nijhoff, 1976[1921].

Salanskis, Jean-Michel, *L'humanité de l'homme: Levinas vivant II*, Paris: Klincksieck, 2011.

Schilpp, Paul Arthur et al. (eds.), *The Philosophy of Martin Buber*, La Salle IL: Open Court Publishing, 1967.

Schmitt, Carl, *Der Leviathan in der Staatslehre des Thomas Hobbes: Sinn und Fehlschlag eines politischen Symbols*, Hamburg: Hanseatische Verlagsanstalt, 1938.

Schumpeter, Joseph A., *Capitalism, Socialism and Democracy*, London and New York: Routledge, 2003.

Schürmann, Reiner, *Le Principe d'anarchie. Heidegger et la question de l'agir*, Paris: Seuil, 1982.

Sebbah, François-David, *Levinas: Ambiguïtés de l'altérité*, Paris: Les Belles Lettres, 2000.

Sebbah, François-David, « La fraternité selon Lévinas », in *Les Cahiers philosophiques de Strasbourg*, n° 14, 2002 aotumne, pp. 45–55.

Sebbah, François-David, « Visage de clone », in *Les Études philosophiques*, n° 78, 2006, pp. 353–366.

Sebbah, François-David, « L'écart et la proximité: Levinas / Derrida » , in O. Ombrosi, R. Zagury-Orly (eds.), *Derrida-Levinas: An Alliance Awaiting The Political, Philosophy*, n° 30, Sesto San Giovanni: Mimesis Edizioni, 2019, pp. 25–44.

Sibony, Daniel, *Don de soi ou partage de soi?: Le drame Lévinas*, Paris: Odile Jacob, 2000.〔シボニー、ダニエル「存在の倫理——自己贈与か、それとも自己分有か？」合田正人訳、『現代思想』四〇巻三号、二〇一二年、一七二―一八九頁。〕

Solomon, Norman, *Judaism: A Very Short Introduction*, New York: Oxford University Press, 1996.〔ソロモン、ノーマン『ユダヤ教』山我哲雄訳、岩波書店、二〇〇三年。〕

Talisse, Robert B., *A Pragmatist Philosophy of Democracy*, London: Routledge, 2008.

Terreblanche, Salomon J., "On history and salvation in Emmanuel Levinas and Ernst Bloch," in *HTS Teologiese Studies / Theological Studies*, n° 18, 2006, pp. 161–166.

Pelluchon, Corine, *Les Nourritures: Philosophie du corps politique*, Paris: Seuil, 2015.〔ペリュション『糧——政治的身体の哲学』服部敬弘ほか訳、萌書房、二〇一九年。〕

Pelluchon, Corine, *Pour comprendre Levinas*, Paris: Seuil, 2020.

Poizat, Jean-Claude, « Pensée politique, universalisme et judaïsme: le cas Emmanuel Lévinas. Une nouvelle morale politique pour notre temps? », in *Raisons politiques*, n° 23, 2006, pp. 175–192.

Rancière, Jacques, *La haine de la démocratie*, Paris: La Fabrique, 2005.

Raulet, Gérard（dir.）, *Utopie-Marxisme selon Ernst Bloch. Un système de l'inconstructible*（Collection « Critique de la Politique »）, Paris: Payot, 1976.

Rey, Jean-François, *La mesure de l'homme: L'idée d'humanité dans la philosophie d'Emmanuel Levinas*, Paris: Michalon, 2001.〔レイ『レヴィナスと政治哲学——人間の尺度』合田正人、荒金直人訳、法政大学出版局、二〇〇六年。〕

Rey, Jean-François, « Qu'ai-je à faire avec justice? Levinas penseur de la justice », in J. Hansel（dir.）, *Levinas à Jérusalem*, Paris: Klincksieck, 2007, pp. 269–278.

Rey, Jean-François, « Introduction de partie », in R. Burggraeve et al.（dir.）, *Levinas autrement*, Leuven: Peeters, 2012, p. 107.

Rey, Jean-François, « L'utopie et la mort », in R. Burggraeve, J. Hansel, M.-A. Lescourret, J.-M. Salanskis（dir.）, *Recherches levinassienne*, Louvain, Paris: Peeters, 2012, pp. 137–146.

Ricœur, Paul, « Le concept de responsabilité. Essai d'analyse sémantique », in *Esprit*, novembre 1994, pp. 28–48, also in *Le Juste 1*, Paris: Esprit, 1995, pp. 41–70.

Ricœur, Paul, *Parcours de la reconnaissance. Trois études*, Paris: Seuil, 2004.

Robertson, Casey, "Resisting Hegemony through Noise," in *Assuming Gender*, 8（7.1）, 2019, pp. 50–73.

Rogozinski, Jacob, « De la caresse à la blessure: Outrance de Levinas », in *Les Temps modernes*, n° 664, mars 2011, pp. 119–136.

Rolland, Jacques, « Subjectivité et an-archie », in J. Rolland（dir.）, *Les cahiers de la nuit surveillée n° 3: Emmanuel Lévinas*, Lagrasse: Verdier, 1984, pp. 176–193.

Rolland, Jacques, « Un chemin de pensée: Totalité et Infini – Autrement

Proceedings of the Xenakis International Symposium, London 1-3 April 2011, https://www.academia.edu/4406946/Chance_between_passivity_and_control_The_post_humanist_ethics_of_Xenakis_Cage_and_Lyotard（2023 年 2 月 10 日参照）

Moati, Raoul, « L'ontologie d'*Autrement qu'être* », in A. Schnell, D. Cohen-Levinas（dir.）, *Relire* Autrement qu'être ou au-delà de l'essence, Paris: Vrin, 2016, pp. 41-60.

Mongin, Olivier, « Comment juger? « … pour le peu d'humanité qui orne la terre » », in J. Rolland（dir.）, *Les cahiers de la nuit surveillée n° 3: Emmanuel Lévinas*, Lagrasse: Verdier, 1984, pp. 282-300.

Mosès, Stéphane, « L'idée de l'infini en nous: Pour Emmanuel Lévinas », in *Emmanuel Lévinas, L'ethique comme philosophie première*, Paris: Cerf, 1993, pp. 79-101.

Mosès, Stéphane, « Rosenzweig et Levinas: Au-delà de la guerre », in *Emmanuel Levinas, Rue Descartes*, n° 19, Paris: PUF, 1998, pp. 85-98.

Mosès, Stéphane, « L'idée de justice dans la philosophie d'Emmanuel Lévinas », in *Revista portuguesa de filosofia*, No. 62, RPF, 2006, pp. 379-394.

Mosès, Stéphane, « Autour de la question du tiers », in D. Cohen-Levinas, B. Clément（dir.）, *Emmanuel Levinas et les territoires de la pensée*, Paris: PUF, 2007, pp. 235-244.

Mouffe, Chantal, *The Democratic Paradox*, New York: Verso, 2009.〔ムフ『民主主義の逆説』葛西弘隆訳、以文社、二〇〇六年。〕

Nancy, Jean-Luc and Lacoue-Labarthe, Philippe, *Le mythe nazi*, La Tour-d'Aigues: Les éditions de l'Aube, 2005[1991].〔ナンシー、ラクー＝ラバルト『ナチ神話』守中高明訳、松籟社、2002 年。〕

Nancy, Jean-Luc, *Être singulier pluriel*, Paris: Galilée, 1996.

Novotny, Karel, « Corps et affectivité dans *Autrement qu'être ou au-delà de l'essence*. Transformations des concepts de la matérialité du corps », in A. Schnell, D. Cohen-Levinas（dir.）, *Relire* Autrement qu'être ou au-delà de l'essence *d'Emmanuel Levinas*, Paris: Vrin, 2016, pp. 121-133.

Ombrosi, Orietta, « « Ecce Animot »: La passion des animaux selon Jacques Derrida », in *Archives des philosophie*, t. 73, n° 3, 2010, pp. 511-526.

Ouaknin, Marc-Alain, « Grand est le manger! », in *Le Magazine Littéraire*, n° 419, avril 2003, pp. 45-46.

Peillon, Catherine, « Xenakis, architecte musicien », in *La pensée de midi*,

Hobbes, Thomas, *Leviathan: Or the Matter, Forme and Power of a Common-Wealth Ecclesiasticall and Civill*, Hamilton: Department of Economics of McMaster University, 2004[1651].

Hofmeyr, Benda, *Radical Passivity. Rethinking Ethical Agency in Levinas*, New York: Springer, 2009.

Hurteau, Philippe, « Utopie et démocratie chez Miguel Abensour », in *Politique et Sociétés*, 33(2), 2014, pp. 63–87.

Jaeger, Marcel, « Du principe de responsabilité au processus de responsabilisation », in *Vie sociale*, n° 3, 2009, pp. 71–81.

Keck, Frédéric, « Levinas et Lévy-Bruhl: Le problème de la résponsabilité entre phénoménologie et science de l'homme », in R. Burggraeve et al. (dir.), *Levinas autrement*, Leuven: Peeters, 2012, pp. 155–168.

Kelley, Andrew, "Reciprocity and the Height of God: A Defense of Buber against Levinas," in P. Atterton, M. Calarco, M. S. Friedman (eds.), *Levinas and Buber: Dialogue and Difference*, Pittsburgh PA: Duquesne University Press, 2004, pp. 226–232.

Leder, Andrzej, « Face à ce qui traumatize: Levinas, Benjamin, Freud », in R. Burggraeve et al. (dir.), *Levinas autrement*, Leuven: Peeters, 2012, pp. 111–123.

Lefort, Claude, *L'Invention démocratique: Les limites de la domination totalitaire, 2e éd*, Paris: Fayard, 1994[1981].〔ルフォール『民主主義の発明——全体主義の限界』渡名喜庸哲、太田悠介、平田周、赤羽悠訳、勁草書房、二〇一七年。〕

Llored, Patrick, *Jacques Derrida: Politique et éthique de l'animalité*, Mons: Sils Maria, 2012.

Lyotard, Jean-François, « Plusieurs silences », in *Musique en jeu 9*, 1972, pp. 64–76.

Malabou, Catherine, *Métamorphoses de l'intelligence: Que faire de leur cerveau bleu?*, Paris: PUF, 2017.

Mallet, Marie-Louise, « Écouter un visage? », in *Emmanuel Levinas, Rue Descartes*, n° 19, Paris: PUF, 1998, pp. 175–191.

Matossian, Nouritza, *Xenakis*, London: Kahn & Averill, 1986.

Mayer-Tasch, Peter Cornelius, *Thomas Hobbes und das Widerstandsrecht*, Tübingen: J. C. B. Mohr, 1965.

Mendez, Matthew, "Chance between passivity and control: The post-humanist ethics of Xenakis, Cage, & Lyotard," in E. Dimitris (ed.),

Franz, Trautje, *Revolutionäre Philosophie in Aktion: Ernst Blochs politischer Weg, genauer besehen*, Hamburg: Junius Verlag, 1985.

Friedman, Maurice S., "Martin Buber and Emmanuel Levinas: An Ethical Query," in P. Atterton, M. Calarco, M. S. Friedman (eds.), *Levinas and Buber: Dialogue and Difference*, Pittsburgh PA: Duquesne University Press, 2004, pp. 124-125.

Frogneux, Nathalie, « Limiter ma violence », in N. Frogneux, F. Mies (dir.), *Emmanuel Lévinas et l'histoire*, Paris: Cerf, 1998, pp. 189-191.

Furter, Pierre, « Utopie et marxisme selon Ernst Bloch », in *Archives de sociologie des religions*, in Centre national de la recherche scientifique, n° 21, 1966, pp. 3-21.

Galetti, Dino, "Of Levinas' 'structure' in address to his four 'others'," in *Continental Philosophy Review*, Volume 49, Issue 4, December 2016, pp. 509-532.

Gallo, Cristobal Balbontin, « Levinas et la question du politique: De quel État s'agit-il? », in *Revue philosophique de Louvain*, 116(3), 2018, pp. 365-396.

Gauchet, Marcel, *La Religion dans la Démocratie: Parcours de la laïcité*, Paris: Gallimard, 1998.

Gordon, Neve, "Ethics and the Place of the Other," in P. Atterton, M. Calarco, M. S. Friedman (eds.), *Levinas and Buber: Dialogue and Difference*, Pittsburgh PA: Duquesne University Press, 2004, pp. 98-115.

Halay, Alannah Marie and Atkinson, Michael D., "'Xenakis, not Gounod': Xenakis, the avant garde, and May '68," in A. Nakipbekova (ed.), *Exploring Xenakis: Performance, Practice, Philosophy*, Delaware: Vernon Press, 2019, pp. 3-18.

Hansel, Georges, « Éthique et politique dans la pensée d'Emmanuel Levinas », in J. Hansel (dir.), *Levinas à Jérusalem*, Paris: Klincksieck, 2007, pp. 151-190.

Hansel, Joëlle, « Éthique et enseignement: La figure du maître dans *Totalité et infini* », in *Les Temps modernes*, n° 664, mars 2011, pp. 151-169.

Harley, James, *Xenakis: His Life In Music*, Abingdon: Routledge, 2004.

Heidegger, Martin, *Sein und Zeit*, Tübingen: Max Niemeyer Verlag, 1967 [1927].〔ハイデッガー『存在と時間　上下』細谷貞雄訳、筑摩書房、一九九四年。〕

Herzog, Annabel, *Levinas's Politics: Justice, Mercy, Universality*, Pennsylvania: University of Pennsylvania Press, 2020.

Blackwell Publishers, 1992.

Critchley, Simon, « Cinq problème de la conception lévinassienne du politique et l'esquisse d'une solution », in D. Cohen-Levinas, B. Clément (dir.), *Emmanuel Levinas et les territoires de la pensée*, Paris: PUF, 2007, pp. 307-321.

David, Alain, « La société à responsabilité illimitée », in *Les Cahiers philosophiques de Strasbourg*, n° 14, 2002 aotumne, pp. 133-148.

David, Alain, « Levinas et la phénoménologie », in *Les Temps modernes*, n° 664, mars 2011, pp. 94-118.

Dekens, Olivier, *Politique de l'autre homme: Levinas et la fonction politique de la philosophie*, Paris: Les Éditions Ellipses, 2003.

Delhom, Pascal, « Aporie du tiers: les deux niveaux de la jusitce », in *Les Cahiers philosophiques de Strasbourg*, n° 14, 2002 aotumne, pp. 57-89.

Delhom, Pascal, "Necessity and Legitimacy of the State," in J. Hansel (ed.), *Levinas in Jerusalem: Phenomenology, Ethics, Politics, Aesthetics*, New York: Springer, 2009, pp. 75-90.

Demange, Dominique, « Iannis Xénakis: Une approche philosophique », in *Le Philosophoire*, n° 7, janvier 1999, pp. 200-240.

Drott, Eric, *Music and the Elusive Revolution: Cultural Politics and Political Culture in France, 1968-1981*, California: University of California Press, 2011.

Dupont, Christian, *Phenomenology in French Philosophy: Early Encounters*, Virginia: Springer, 2014.

Edelglass, William, "Levinas on suffering and compassion," in *Sophia*, Volume 45, Issue 2, October 2006, pp. 43-59.

Fagan, Jeffrey and Zimring, Franklin E. (eds.), *The Changing Borders of Juvenile Justice: Transfer of Adolescents to the Criminal Court*, Chicago: University Of Chicago Press, 2000.

Feron, Étienne, « L'événement », in N. Frogneux, F. Mies (dir.), *Emmanuel Lévinas et l'histoire*, Paris: Cerf, 1998, pp. 103-131.

Fleuret, Maurice, « Bilan et leçon des Journées de musique contemporaine », in *La Revue musicale*, n° 265-266 (numéro double), janvier 1969, pp. 7-13.

Franck, Didier, *L'un-pour-l'autre. Levinas et la signification*, Paris: PUF, 2008.〔フランク『他者のための一者――レヴィナスと意義』米虫正巳、服部敬弘訳、法政大学出版局、二〇一五年。〕

al. (dir.), *Levinas autrement*, Leuven: Peeters, 2012, pp. 203-221.

Broca, Sébastien, « Comment réhabiliter l'utopie? Une lecture critique d'Ernst Bloch », in *Philonsorbonne*, vol.6, 2012, pp. 9-21.

Buber, Martin, *Werke Erster Band: Schriften zur Philosophie*, München: Kösel-Verlag KG, Hiedelberg: Verlag Lambert Schneider GmbH, 1962.

Buber, Martin, "Anthrobiographical fragments," in P. A. Schilpp, M. S. Friedman (eds.), *The Philosophy of Martin Buber*, La Salle IL: Open Court Publishing, 1967, pp. 8-10.

Burdman, Javier, "Universality without consensus: Jean-François Lyotard on politics in postmodernity," in *Philosophy and Social Criticism*, Volume 46, Issue 3, 2019, pp. 1-21.

Burgat, Florence, *Une autre existence: La condition animale*, Paris: Albin Michel, 2012.

Burggraeve, Roger, « The Other and Me: Interpersonal and Social Responsibility in Emmanuel Levinas », in *Revista Portuguesa de Filosofia* T. 62, 2006, pp. 631-649.

Butler, Judith, *Notes Toward a Performative Theory of Assembly*, Cambridge, MA: Harvard University Press, 2015.〔バトラー『アセンブリ――行為遂行性・複数性・政治』佐藤嘉幸、清水知子訳、青土社、二〇一八年。〕

Chalier, Catherine, « Lévinas et Patocka. À propos de la guerre et de la paix », in *Les Cahiers philosophiques de Strasbourg*, n° 14, 2002 aotumne, pp. 91-107.

Coccia, Emanuele, *La vie des plantes*: *Une métaphysique du mélange*, Paris: Payot, 2017.〔コッチャ『植物の生の哲学――混合の形而上学』嶋崎正樹訳、勁草書房、二〇一九年。〕

Cohen, Richard A., *Levinasian Meditations: Ethics, Philosophy, and Religion*, Pittsburgh, PA: Duquesne University Press, 2010.

Constant, Benjamin, « De la liberté des anciens comparée à celle des modernes, Discours prononcé à l'Athénée royal de Paris en 1819 », in *Écrits politiques*, textes choisis, présentés et annotés par Marcel Gauchet, Paris: Gallimard, 1997.〔コンスタン「近代人の自由と比較された古代人の自由について――一八一九年・パリ王立アテネ学院における講演」大石明夫訳、『中京法學』三三巻、三／四号、一九九九年、一六一-一九〇頁。〕

Crépon, Marc, *Le consentement meurtrier*, Paris: Cerf, 2012.

Critchley, Simon, *The Ethics of Deconstruction. Derrida and Levinas*, Oxford:

Alford, C. Fred, "The Opposite of Totality: Levinas and the Frankfurt School," in *Theory and Society*, Vol. 31, No. 2, April 2002, pp. 229-254.

Alford, C. Fred, "Levinas and Political Theory," in *Political Theory*, Vol. 32, No. 2, 2004, pp. 146-171.

Alford, C. Fred, "Levinas and the limits of political theory," in M. Diamantides (ed.), *Levinas, Law, Politics*, Abingdon, Oxon, UK and New York: Routeledge-Cavendish, 2007, pp. 107-126.

Arbib, Dan, *La lucidité de l'éthique: Études sur Levinas*, Paris: Hermann, 2014.

Arendt, Hannah, *The Human Condition*, Chicago: The University of Chicago Press, 1958.〔アレント『人間の条件』志水速雄訳、筑摩書房、一九九四年。〕

Aronowicz, Annette, "Judaism, the Jewish People and the State. A Reading of Emmanuel Levinas' Talmudic Commentary "Judaism and Revolution"," in J. Hansel (ed.), *Levinas in Jerusalem: Phenomenology, Ethics, Politics, Aesthetics*, New York: Springer, 2009, pp. 91-108.

Attridge, Derek, *Reading and Responsibility: deconstruction's traces*, Edingburgh: Edinburgh University Press, 2010.

Badiou, Alain, *L'éthique: Essai sur la conscience du Mal*, Caen: Nous, 2003[1993].〔バディウ『倫理――〈悪〉の意識についての試論』長原豊、松本潤一郎訳、河出書房新社、二〇〇四年。〕

Benjamin, Walter, "Der Kritik von Gewalt" in *Walter Benjamin Gesammelte Schriften*, vol. II.1, herausgegeben von R. Tiedemann e H. Schweppenhäuser, Frankfurt a. M.: Suhrkamp, 1999[1921], pp. 179-203.〔ベンヤミン「暴力論批判」『暴力論批判 他十篇』野村修編訳、岩波書店、一九九四年、二九-六五頁。〕

Bergo, Bettina, *Levinas Between Ethics and Politics: For the Beauty that Adorns the Earth*, Pittsburgh: Duquesne University Press, 2003.

Bloch, Ernst, *Das Prinzip Hoffnung*, Berlin: Suhrkamp Verlag, 1985 [t. 1, 1954 ; t. 2, 1955 ; t. 3, 1959]; *Le principe espérance*, traduit par Françoise Wuilmart, Paris: Gallimard, t. 1, 1976; t. 2, 1982; t. 3, 1991.〔ブロッホ『希望の原理』山下肇ほか訳、白水社、一巻-二巻、二〇一二年、三巻-六巻、二〇一三年。〕

Bouretz, Pierre, *Témoins du futur: Philosophie et messianisme*, Paris: Gallimard, 2003.〔ブーレッツ『二〇世紀ユダヤ思想家 2 ――来たるべきものの証人たち』合田正人ほか訳、みすず書房、二〇一一年。〕

Bozga, Adina, « Levinas on altruism, suffering and evil », in R. Burggraeve et

« “Démocratie sauvage” et “Principe d'anarchie” », in *Les Cahiers de philosophie*, n° 18, 1994, pp. 125-148.

DE: *La Démocratie contre l'État: Marx et le moment machiavélien*, Paris: Le Félin, 2012[1997].〔『国家に抗するデモクラシー——マルクスとマキャヴェリアン・モーメント』松葉類、山下雄大訳、法政大学出版局、二〇一九年。〕

« L'extravagante hypothèse », in *Emmanuel Levinas, Rue Descartes*, n° 19, Paris: PUF, 1998, pp. 55-84.

« L'an-archie, entre métapolitique et politique », in *Les Cahiers Philosophiques de Strasbourg*, n° 14, 2002, pp. 109-131.

CP: *La communauté politique des « tous uns ». Entretien avec Michel Enaudeau*, Paris: Les Belles Lettre, 2014.

対談録

Avec Stany Grelet et al., « Insistances démocratiques: entretien avec Miguel Abensour, Jean-Luc Nancy & Jacques Rancière », in *Vacarme*, n° 48, été 2009, pp. 8-17.〔「民主主義の執拗さ——ミゲル・アバンスール、ジャン＝リュック・ナンシー、ジャック・ランシエールとの対話」伊藤潤一郎訳『人文学報』五一三-五一五号、二〇一七年、五三-八〇頁。〕

Avec Danielle Cohen-Levinas, *Emmanuel Levinas, l'intrigue de l'humain: Entre métapolitique et politique. Entretiens avec Danielle Cohen-Levinas*, Paris: Hermann, 2012.

Avec Jean-Claude Poizat, « Entretien avec Miguel Abensour », in *La philosophie*, 44, 2015, pp. 11-37.

——その他

Adorno, Theodor W., *Dissonanzen: Musik in der verwalteten Welt*,（*Gesammelte Schriften 14*）, Frankfurt am Main: Suhrkamp, 1973.〔アドルノ『不協和音——管理社会における音楽』三光長治、高辻知義訳、平凡社、一九九八年。〕

Adorno, Theodor W., *Philosophie der neuen Musik*,（*Gesammelte Schriften 12*）, Frankfurt am Main: Suhrkamp, 1975.〔アドルノ『新音楽の哲学』龍村あや子訳、平凡社、二〇〇七年。〕

Agamben, Giorgio, *Quel che resta di Auschwitz. L'archivio e il testimone. Homo Sacer III*, Torino: Bollati Boringhieri, 1998.〔アガンベン『アウシュヴィッツの残りのもの——アルシーヴと証人』上村忠男、廣石正和訳、月曜社、二〇〇一年。〕

Acte Sud, 2006[1987].〔フランソワ・ポワリエ編『暴力と聖性――レヴィナスは語る』内田樹訳、国文社、一九九一年。〕

SA: Avec Roger Burggraeve, *Emmanuel Levinas et la socialité de l'argent: Un philosophe en quête de la réalité journalière: La genèse de Socialité et argent ou l'ambiguïté de l'argent*, Leuven: Peeters, 1997.〔ロジェ・ビュルグヒュラーヴ編『貨幣の哲学』合田正人、三浦直希訳、法政大学出版局、二〇〇三年。〕

――Derrida, Jacques

著作

ED: *L'écriture et la différence*, Paris: Seuil, 1997[1976].〔『エクリチュールと差異』［改訳版］谷口博史訳、法政大学出版局、二〇二二年。〕

PA: *Politiques de l'amitié: suivi de L'oreille de Heidegger*, Paris: Galilée, 1994.〔『友愛のポリティクス　1』鵜飼哲、大西雅一郎、松葉祥一訳、みすず書房、二〇〇三年。『友愛のポリティクス　2』鵜飼哲、大西雅一郎、松葉祥一訳、みすず書房、二〇〇三年。〕

A: *Adieu à Emmanuel Lévinas*, Paris: Galilée, 1997.〔『アデュー――エマニュエル・レヴィナスへ』藤本一勇訳、岩波書店、二〇〇四年。〕

DM: *Donner la mort*, Paris: Galilée, 1999.〔『死を与える』廣瀬浩司、林好雄訳、筑摩書房、二〇〇四年。〕

V: *Voyous*, Paris: Galiée, 2003.〔『ならず者たち』鵜飼哲、高橋哲哉訳、みすず書房、二〇〇九年。〕

AJ: *L'animal que donc je suis*, Édition établie par Marie-Louise Mallet, Paris: Galilée, 2006.〔マリ＝ルイーズ・マレ編『動物を追う、ゆえに私は〈動物で〉ある』鵜飼哲訳、筑摩書房、二〇一四年。〕

対談録

Avec Jean-Luc Nancy, « « Il faut bien manger ou le calcul du sujet »: Entretien (avec J.-L. Nancy). », in *Cahiers confrontation*, n° 20, 1989, pp. 91-114.

――Abensour, Miguel

著作

« Penser l'utopie autrement », in C. Chalier, M. Abensour (dir.), *Cahier de l'Herne: Emmanuel Levinas*, Paris: l'Herne, 1991, pp. 477-495.

« "Démocratie sauvage" et "Principe d'anarchie" », in *Revue européenne des sciences sociales*, t. 31, n° 97, 1993, pp. 225-241.

SF: « Sécularisation et Faim », in *Archivio di Filosofia*, Rome: L'Istituto di Studi Filosofici, 1976, also in C. Chalier, M. Abensour (dir.), *Cahier de l'Herne: Emmanuel Levinas*, Paris: l'Herne, 1991, pp. 76-96.

DSAS: *Du sacré au saint. Cinq nouvelles lectures talmudiques*, Paris: Minuit, 1977.〔『タルムード新五講話――神聖から聖潔へ』［新装版］内田樹訳、人文書院、二〇一五年。〕

EI: *Éthique et infini*, Paris: Le Livre de Poche, 2012[1982].〔『倫理と無限――フィリップ・ネモとの対話』西山雄二訳、筑摩書房、二〇一〇年。〕

ADV: *L'au-delà du verset*, Paris: Minuit, 1982.〔『聖句の彼方　タルムード――読解と講演』合田正人訳、法政大学出版局、一九九六年。〕

SI: « La souffrance inutile », in *Giornale di Metafisica*, n° 1, janvier-avril 1982, pp. 13-26, also in *Les cahiers de la nuit surveillée n° 3: Emmanuel Lévinas*, Lagrasse: Verdier, 1984, pp. 329-338.〔「無益な苦しみ」『われわれのあいだで――「他者に向けて思考すること」をめぐる試論』合田正人、谷口博史訳、法政大学出版局、一九九三年、一二八－一四四頁。〕

HS: *Hors sujet*, Paris: Le Livre de Poche, 1997[1987].〔『外の主体』合田正人訳、みすず書房、一九九七年。〕

HN: *À l'heure des nations*, Paris: Minuit, 1988.〔『諸国民の時に』合田正人訳、法政大学出版局、一九九三年。〕

EN: *Entre nous*, Paris: Le Livre de Poche, 2010[1991].〔『われわれのあいだで――「他者に向けて思考すること」をめぐる試論』合田正人、谷口博史訳、法政大学出版局、一九九三年。〕

DMT: *Dieu, la mort et le temps*, Paris: Le Livre de Poche, 1995[1993].〔『神・死・時間』合田正人訳、法政大学出版局、一九九四年。〕

LC: *Liberté et commandement*, Paris: Le Livre de Poche, 1999[1994].〔「自由と命令」『歴史の不測――付論：自由と命令／超越と高さ』合田正人、谷口博史訳、法政大学出版局、一九九七年、一九九－二七六頁。〕

IH: *Les imprévus de l'histoire*, Paris: Le Livre de Poche, 1994.〔『歴史の不測――付論：自由と命令／超越と高さ』合田正人、谷口博史訳、法政大学出版局、一九九七年。〕

NLT: *Nouvelles lectures talmudiques*, Paris: Minuit, 1996.

対談録

EEEL: « Entretien avec E. Levinas », in *Entretiens avec le Monde 1. Philosophies*, Paris: Édition Le Découverte et Journal Le Monde, 1984, pp. 138-148.

EL: Avec François Poirier, *Emmanuel Lévinas: Essai et entretiens*, Arles:

参考文献

——Levinas, Emmanuel

著作

Œ I: *Œuvres complètes, tome 1. Carnet de captivité et autres inédits*, Paris: Grasset-IMEC, 2009.〔ロドルフ・カラン、カトリーヌ・シャリエ監修『レヴィナス著作集 1』三浦直希、渡名喜庸哲、藤岡俊博訳、法政大学出版局、二〇一四年。〕

QR: « Quelques réflexions sur la philosophie de l'hitlérisme », in *Esprit*, novembre 1934, pp. 199-208.〔「ヒトラー主義哲学に関する若干の省察」『レヴィナス・コレクション』合田正人編訳、筑摩書房、一九九九年、九一－一〇七頁。〕

TA: *Le temps et l'autre*, Paris: PUF, 1987[1947].〔「時間と他なるもの」『レヴィナス・コレクション』合田正人編訳、筑摩書房、一九九九年、二三一－二九九頁。〕

EE: *De l'existence à l'existant*, Paris: Vrin, 2013[1947].〔『実存から実存者へ』西谷修訳、筑摩書房、二〇〇五年。〕

TI: *Totalité et Infini. Essai sur l'estériorité*, Paris: Le Livre de Poche, 1995[1961].〔『全体性と無限　上』熊野純彦訳、岩波書店、二〇〇五年。『全体性と無限　下』熊野純彦訳、岩波書店、二〇〇六年。『全体性と無限』藤岡俊博訳、講談社、二〇二〇年。〕

MBPP: « Martin Buber prophète et philosophe », in *Informations catholiques internationales*, juillet 1965, pp. 31-32.〔「マルティン・ブーバー――預言者にして哲学者」藤岡俊博訳『京都ユダヤ思想　特集号マルティン・ブーバー：対話思想のこだま』第七号（２）、京都ユダヤ思想学会、二〇一九年、三九四－三九八頁。〕

QLT: *Quatre lectures talmudiques*, Paris: Minuit, 1968.〔『タルムード四講話』［新装版］内田樹訳、人文書院、二〇一五年。〕

AE: *Autrement qu'être ou au-delà de l'essence*, La Haye: Martinus Nijhoff, 1974.〔『存在の彼方へ』合田正人訳、講談社、一九九九年。〕

DL: *Difficile liberté. Essais sur le judaïsme*, Paris: Le Livre de Poche, 2012[1976].〔『困難な自由』［増補版・定本全訳］合田正人監訳、三浦直希訳、法政大学出版局、二〇〇八年。〕

NP: *Nom propre*, Paris: Le Livre de Poche, 1987[1976].〔『固有名』合田正人訳、みすず書房、一九九四年。〕

of politics, guides this section in attempting a political-philosophical reading of the late Levinas's argument. His theory of democracy in *Democracy Against the State* (1997) shares a problematic sphere with Levinas in that it addresses the question of the possibility of the institutionalization of democracy.

The rereading proposed in these three sections will reveal that the "philosophy of Levinas" outlines the idea of cohabiting with others in the current situation.

Tode)" in the larger issue of the temporality of mortal existence. Politics based on the relationship between subjects must also be discussed regarding this materiality, as a relation of "sharing bread" with those who are hungry. The temporality of death's "not yet" opens up the possibility of an ethical and political reconfiguration of the "future." Levinas clarifies this futurity in his reading of Ernst Bloch:

This responsibility for concrete responses is the essence of Levinas' Jewish universalism. While the traditional concept of transcendence in Western thought is "fundamental idolatry" in the sense that transcendence is worship without any earthly basis, the transcendence proposed by Levinas is established by the hunger of the Other. The confrontation of all denominations is prohibited before the religious source of the hunger of the Other. This leads him to dismantle all religious particularities, including Jewishness, and advocate an ethically restructured universalism.

Part III: Democracy

Levinas discusses the necessity of the state as support for institutions that conduct policy-related actions. Then, the question is what kind of governing act makes politics real, or what kind of state the subject living with others aspires to. Levinas's concept of "democracy" provides a guiding thread in discussing this question. According to Levinas, the essence of democracy is being politically open to the possibility of improvement of the existing politics at every turn when the Other emerges. This concept of democracy, unlike institutional democracy as a system of government, must be considered as "the political" in the foundation of any system of government—that is, the meta-politics that can be thought of in terms of any politics. The ethical state can be realized not as a state established by the responsibility to the Other but as a society open to the possibility of suspending the existing order of any state and reexamining it through the responsibility to the Other and a society that is filled with possible dissonance. Miguel Abensour, a contemporary philosopher that case, the question is what kind of relationship the subject (with infinite responsibility) has with the other Other, "the third," which is outside of the relationship with the Other. Is the third a prerequisite in the relationship with the Other, or does it somehow intervene and damage the subject's relationship with the Other? The former is a question of the plurality of the Other, which is a premise of ethics, meaning that the Other is a "trace" in the relationship between plural others, whereas the latter implies that the subject is forced to choose which of the Other to prioritize in the ethics problem that has already arisen. In other words, in the former, the third can be "all humanity," whereas in the latter, it must be discussed as a concrete "neighbor of a neighbor." Since Levinas offers different theories regarding the third at different times, it is crucial to discuss the transition of its conceptualization by paying attention to the chronology of his texts.

Under the premise of this arrangement, the infinite responsibility of the subject in the institution is limited to the field of responsibility leveled by the plurality of the Other. The responsibility of the subject must be limited because he is sharing the institution with plural others. The subject must be responsible for the Other as well as for the other Other. The question of "neighbor of a neighbor" levels the plural subjects in politics and equalizes them as "citizens" and, by doing so, the subject's responsibility to the Other becomes finite. With this approach, the question of "imputation" raised by Wahl and Ricœur regarding Levinas's works can also be asked.

Part II: Materiality

The linguistic order and the material conditions of the existence of various subjects are questioned in relation to the Other. The subject thinks and exists with materiality in the world—the subject gets hungry and enjoys "food." Levinas discusses ethics not only as a linguistic relation but also as a material relation of "giving bread" to those who are hungry; additionally, such an urgency of "hunger" demands a concrete response in ethics. This urgency is a reinterpretation of Heidegger's "Being-toward-death (Sein-zum-

英文要約

The Democracy of the Hungry: Towards a Political Philosophy by Levinas

Rui Matsuba

This book attempts to systematically reread Emmanuel Levinas's (1906–1995) philosophy as political philosophy.

Levinas is a Lithuanian phenomenologist known for reconstructing ethics through his own concept of "the Other." The Other is "the Infinite" that exceeds the power of the subject to enjoy, labor, possess, and recognize the world. In response to the emergence of the Other, the subject bears "responsibility" as the possibility to respond by breaking the existing order of politics, law, and logic; this relationship with the Other is known as ethics. However, if it is necessary to recognize the value of "politics" to live with others, one must step back from ethics to consider politics. His dialogue materials and texts must be analyzed to present Levinas's understanding of political subjects.

In Levina's works, political aspects can be classified into three categories to define political subjects. The term "politics (πολιτεία)," referring to the matter of "community (πόλις)," denotes the decision-making of communities under specific circumstances, and includes the following elements: the responsibility-holders of a community, specific situations of communal concern, and the communal nature of the community itself. Levinas' descriptions are organized and discussed by referring to this classification.

Part I: Plurality

The Other is the Infinite that exceeds a subject's finite order—the responding subjects' responsibility is also infinite. This infinite responsibility is always unfulfilled and continues to place blame on the subject. Suppose politics is a relationship among plural subjects. In

ま行

や行

ら行

さ行

た行

な行

は行

索　引

あ行

か行

著者紹介

松葉　類（まつば るい）

一九八八年生まれ。京都大学文学部研究科博士課程研究指導認定退学。博士（文学）。現在、同志社大学ほか非常勤講師。専門はフランス現代思想、ユダヤ思想。論文に「レヴィナスにおけるデモクラシー論——国家における国家の彼方」（『宗教哲学研究』第三八号、二〇二一年）など。共訳書にミゲル・アバンスール『国家に抗するデモクラシー』（法政大学出版局、二〇一九年）、エマヌエーレ・コッチャ『メタモルフォーゼの哲学』（勁草書房、二〇二二年）など。

本書の出版に際しては、令和4年度京都大学人と社会の未来研究院若手出版助成、ならびに京都大学大学院文学研究科の「卓越した課程博士論文の出版助成制度」による助成を受けた。

飢えた者たちのデモクラシー

レヴィナス政治哲学のために

2023年3月25日　初版第1刷発行

著　者　松葉　類
発行者　中西　良
発行所　株式会社ナカニシヤ出版
〒606-8161　京都市左京区一乗寺木ノ本町15番地
Telephone　075-723-0111
Facsimile　075-723-0095
Website　http://www.nakanishiya.co.jp/
Email　iihon-ippai@nakanishiya.co.jp
郵便振替　01030-0-13128

印刷・製本＝創栄図書印刷／装本＝間奈美子／装画＝太田陽博

Printed in Japan.
ISBN978-4-7795-1581-1　C3010